新

全新插畫版

酒杯裡的世界史

知っておきたい「酒」の世界史

宮崎正勝 著
陳柏瑤——譯

目錄

前言

世界各地的酒可以歸納區分嗎？

在我解釋說明希臘的「茴香酒（Ouzo）」後，酒吧老闆突然問道：「酒，也可以導出一部世界史嗎？」我看著吧檯彼端的棚架上，整齊擺放著蘇格蘭威士忌（Scotch Whisky）、波本威士忌（Bourbon Whiskey）、加拿大俱樂部威士忌（Canadian Club）、干邑白蘭地（Cognac）、琴酒（Gin）、伏特加（Vodka）、蘭姆酒（Rum）、葡萄酒（Wine）等來自世界各地的酒，頓時覺得有趣——「其實，這裡就是活生生的世界歷史啊！」

酒吧是個充滿國際感的場所，換句流行語，就是全球化。

關於酒，儘管留存的記錄不多，但酒的種類繁多且歷史悠久。而且直到今日，已在世間與人們的憂愁並存，有多少的苦悶就存在著多少種類的酒。若注滿酒杯的酒成為主角，它又會如何回顧看待人類歷史？當然，製造酒的是人類，喝酒的也是人類。有一說認為，日本的酒（sake）是取用了「栄（sakae）之水」的「栄（sakae）」字；另有人認為酒（sake）是「栄のき〈神酒のき〉」，供奉給神的酒」的縮簡，或也有可能是誤傳的結果；但也有人認為酒（sake）是引自「邪気を避ける，避開邪氣」的「避け（sake，迴避）」。總之，日本對於酒的語源，眾說紛紜。不過無論哪種說法，酒（sake）在日本都具有正面意義。即使是中國，也存在著酒是「天之美祿」之記載。

試著著手整理世界的酒，其實大致可區分三種類，㈠以酵母促使糖分產生酒精發酵的「釀造酒」、㈡經蒸餾後，取得酒精濃度更高的「蒸餾酒」、㈢蒸餾酒混入香草、香料等的「利口酒」。而㈠的釀造酒並未使用到蒸餾器，㈡與㈢則是以蒸餾過的酒為基底。無論哪種製酒皆含有酵母的微生物，且仍需藉由人類操控設定「發酵的環境」，促使直徑兩百分之一厘米的微生物——酵母分解糖分，也就是所謂的「酒精發酵（alcoholic fermentation）」製造出所有的酒。酒，雖被視為神秘大自然運作下的釀造產物，但準確來說也算是一種「農業」。因為人類必須透過經驗理解存在自然界的特殊微生物「酵母」之特性，才得以巧妙利用繁殖。

酒文化的五大歸納

由於人類在生活中發現了「發酵」的神秘現象，如今我們才得以享用到各種的酒。隨著時代變遷，酒的製造方式更加精進，種類也更加繁多。

世界的歷史可區分為：㈠長期以來的狩獵及採集時期、㈡農耕開始與都市出現的時期、㈢歐亞大陸諸文明的大交流期（西元七～十四世紀）、㈣大航海時代、也是新舊兩大陸的大交流期（西元十五～十七世紀）、㈤工業革命以後的時期。而以上這些區分，也與酒文化的變遷重疊。

大略而論，㈠的時期是採用葡萄、椰子、蜂蜜等存在於自然界且含糖量較高的素材，使其發酵產生的「釀造酒」；㈡的時期是將所種植的穀物，開始運用於發酵，因擁有大量釀酒的技術，也讓酒更為大眾化；㈢的時期，盛行於西元九世紀伊斯蘭圈的「蒸餾器」流傳發揚至東西方，因而誕生中東亞力酒（Arrack）、燒酎

（Shochua）、伏特加（Vodka）、威士忌（Whisky）、白蘭地（Brandy）等多種蒸餾酒；㈣的時期，隨西元十六世紀的「大航海時代」，新舊大陸有了酒文化的交流，同時隨航海交流的香辛料、水果等也與酒文化產生密切的連結，促使「利口酒」更加多樣化；㈤的工業革命後，西元十九世紀出現「連續蒸餾器」，開啟酒的大量生產，而後的商品化又加速大規模的生產製造。西元二十世紀以後，多樣的酒與果汁、水果等混合後又發展出「雞尾酒（Cocktail）」，從此種類更是繁多。換言之，酒文化也進入了全球化時代。

由此，隨時代衍生的酒文化，就在時間的長流中不斷交疊、組合、精進，建構出如今我們所見、所飲的酒世界。當然，人類的軌跡與酒的軌跡必然重覆交疊，因為酒也是人類文化的一部分。

酒令人通往神的世界

自狩獵、採集時代，即有酒的存在。發酵是自然界尋常可見的微生物運作，並非什麼玄妙之事。不過據說猴子會在樹洞等裡存放水果，待其自然發酵即變成酒，從這些「猴酒」的傳說看來，酒又似乎是偶然意外的產物。有人認為人類最初製造的酒是蜂蜜酒，但真相如何已不可考。

想必第一個發現酒精發酵的人，是膽戰心驚舔嚐著那散發芳香卻又似腐壞的液體。也由於所有的「生物」，在最佳的時刻相遇了，才得以開啟通往酒精世界的門扉。體悟到「醉」之歡愉的人，因著迷於這種不可思議的液體，於是興起親手再造的想望。嘗試的結果才發現，打造人為的「發酵環境」並非困難之事。舉例來說富含糖分的葡萄，只要放進容器，果皮上的天然酵母即會自然發酵。在生物界，腐敗是家常便飯，而酒精發酵當然也算是一種腐敗的過程。

至於酒所引發的「醉」，才是遠古時代人們難以理解的體驗。因為伴隨著快感、幻想、幻覺、暈眩，人們彷彿進入非日常的世界。當時的人們對於「醉」的理解，僅能傾向與神有關，例如「與神的接觸」或「化為神」等，只能以那樣的方式解釋非常態的「醉」。

精靈崇拜（Animism）、薩滿教（Shamanism）、圖騰崇拜（Totemism）等皆

屬於原始信仰，其中最能與飲酒產生連結的是薩滿教。薩滿教相信動物（之後則是神）的魂魄會轉移至某個特別的人——薩滿（Shaman）身上，然後藉其口傳遞動物或神的旨意。至於動物的魂魄或神移駕至薩滿的現象，往往必須憑藉讓人的心智暫時性亢奮的嗜好品或酒。

薩滿擁有特別的能力可以傳遞神或動物靈的旨意，能輕易進入恍惚狀態，那種恍惚（神遊〔ekstasis〕）極近似「醉」所帶來的亢奮。然而不需要擁有特別的能力，人透過酒即能輕鬆跨越日常生活的高牆，彷彿被帶入神的世界。順帶一提，「薩滿（Shaman）」一詞，即是生活在森林中、通古斯族人的「巫師」。

以「鬼道」迷惑眾人的邪馬台國卑彌呼（西元三世紀），即是所謂的薩滿。《魏志倭人傳》記載，倭人非常愛喝酒，即使在喪禮也狂歡喝酒。由此不難看出卑彌呼的嗜酒。邪馬台國的酒，是何種的樣貌雖已不得而知，不過據說繩文時代的人們已懂得用山葡萄之類的物種發酵造酒。

讓因陀羅奮戰好勇的蘇摩酒

古印度婆羅門教的聖典《吠陀》，是距今三千年前所編纂的祭祀咒文集。婆羅門教信仰諸神，其中的「酒神」蘇摩（Soma）與「火神」阿耆尼（Agni）是與人類最親近的神。「蘇摩」，原本是祭祀中供奉給神的酒，不過讓酒得以神格化的也是神。據說主神、也是雷雨之神的因陀羅（Indra）與惡鬼弗萊多戰鬥時，喝了「蘇摩」後擁有發狂似的勇猛之心，所以才能打倒弗萊多。從此，「蘇摩」成了諸神與人們獲得龐大力量與靈感的神奇飲料。

在祈求更新「時間循環」的蘇摩祭，也以「蘇摩」供奉諸神。由此可知，人們認為酒是可以復甦「時間」的活力劑。經搗碎、壓榨、過濾後所釀造的「蘇摩」，混入水或牛乳後注入祭火，剩餘的則供祭司們飲用，因為「蘇摩」也能帶給祭司們神奇的力量。

不過，「蘇摩」是充滿謎團的飲料，據說是把某種含有強烈興奮成分的植物的莖（應該是旋花科）浸泡於水後壓榨，再以牛乳調和的酒，但也有人認為那可能是蜂蜜酒（Mead）或毒蠅傘（Amanita muscaria），總之已難以考據。此外，還有人認為，其應同屬於古波斯信仰的波斯教所使用的豪麻（Haoma）酒。

穀物酒是食物的渣滓

一旦人們體驗酩酊的歡愉後，也瞬間瓦解了酒為祭司階級所獨占的特權。酒開始浸透人們的日常生活，再加上發現穀物可以大量釀酒，更促使飲酒的大眾化。不過，易流於糜爛的日常飲酒仍被視為陋習，與祭祀用的神聖飲酒有嚴格區別。

在《梨俱吠陀（RIGVEDA）》中提到，發芽的大麥、米、豆類等混上米或大麥的粥，待其發酵就產生世俗的「穀酒（Surā）」。穀酒也帶有「食物的渣滓」、「虛偽」之意，是備受輕藐的酒。不過這種說法，也或許是特權階級企圖獨占「醉」，而特意塑造的虛假概念。在印度，至今仍傳承自古以來的觀念，藐視飲酒，不推崇飲酒。現今，印度仍有些地區設有禁酒日（Dry Day）。印度人不喜飲酒，得追溯到約兩千前的《摩奴法典（Manu-smrti）》，裡面寫道：「穀酒來自食物的渣滓，也就是罪。因此，婆羅門（Brahmin，祭司貴族）、刹帝利（Kshatriya，貴族武士）、吠舍（Vaishya，商人平民）不得飲穀酒。」僅允許奴隸身分的首陀羅（Sudra，僕役）飲穀酒。印度「討厭酒」的獨特價值觀延續了兩千年之久，由此也不難看出宗教影響的巨大深遠。古波斯也有著同樣的認知，豪麻雖被視為尊貴神聖的酒，不過一般的酒則是惡神艾什瑪（Aēšma，有「狂暴」之意）所釀，是粗暴的惡魔所飲用的飲料。

在印度的古文獻出現了名為「Kohl」的大麥釀製酒，伊斯蘭教徒挪用了這個詞彙，再加上阿拉伯語的定冠詞「al」，遂衍生「al-kohl（酒精）」，而後再傳至歐洲。也就是說，酒精（alcohol）源於阿拉伯語，而「Kohl」有微粉末之意，也意指經蒸餾衍生的「精製物」。

第一章　與酒的幸福相遇

來自豐富多元風土的贈禮

距今五百萬年前，誕生於東非大裂谷的人類，經過漫長歲月的演化逐漸散布地球各地，氣候、地形、植物等複雜因素形成了多樣化的風土環境，人類也努力習慣適應。最終，人類選擇落腳於溫帶平原、森林及山岳地帶、乾燥地帶的大草原、沙漠及熱帶的平原等，利用容易發酵的葡萄、蘋果與杏等果實，或椰子、竹的樹液，與蜂蜜、馬羊牛等家畜的乳釀造出各種的酒。畢竟，自然界的確存在著各式各樣的發酵。

基於各自的文化、文明，各民族分別擁有獨特的酒，不過隨著各自的「發現」，或其他地域釀造方法的「傳播」，酒與文化、文明連結的過程更加多樣化，對於釀造法確立的時期也出現不同的論點。在本章中，就先探討蜂蜜酒、葡萄酒、馬乳酒與椰子酒。

1 歷史最古老的蜂蜜酒

再生與聖化的酒

人類熟悉了自然界的發酵後，也期待進行人為的發酵，以便製造出某些特定的酒。其實釀造本身並不困難，只要賦予特定的條件，酵母自然產生發酵。人類找出葡萄、蘋果、櫻桃、椰子、蜂蜜、馬乳等糖分較多的素材作為酒的原料，將發酵納入生活的一部分，並在反覆錯誤的經驗中逐漸確定釀造方法，從此得以在生活中享受飲酒的樂趣。然而原料上仍有限制，例如蜂蜜酒原料必須來自成蟲蜜蜂，基本上這些蜜蜂僅有六週左右的存活期。

足以代表溫帶的蜂蜜酒（Mead），是利用蜂蜜溶於水再發酵的酒。飲用的方式各式各樣，例如加入香草或香辛料的蜂蜜酒是「Dry Mead」，加入蘋果果汁的是「Cyser」，加入果醬的是「Melomel」。

蜂蜜，其實是蜜蜂採集花蜜後，經體內酵素分解後的液體。色澤或香味多樣豐富的蜂蜜，因含有葡萄糖與各種維生素、礦物質，自古以來即是人們的營養源。西班牙北部的阿爾塔米拉洞穴壁畫描繪著人們採集蜂蜜的景象，由此可知，在一萬五千年前左右人們已懂得食用蜂蜜。

不過蜂蜜的糖分濃度太高，無法直接發酵，必須調入三倍左右的水稀釋才能開始釀造，如此放置一段時間後即是蜂蜜酒。可見，蜂蜜酒的製造方法其實非常簡單。

蜂蜜具防腐的功效，因而與「再生」息息相關。巴比倫尼亞時代，人們以蜂蜜塗抹死者，祈求再生。在古埃及，僅有祭司等特權階級得以享用蜂蜜。而古希臘中則相信宙斯是在克里特島洞窟內，由妖精們餵養蜂蜜與羊乳長大。在古斯堪的那維亞，人們手持頭蓋骨做的杯子，在主神奧丁面前飲用蜂蜜酒，以祈求死後能在極樂世界復活。

即使是在「新大陸」，自遠古時代起，墨西哥的印第安原住民族已於祭祀儀式使用蜂蜜。所以說，能簡單釀造生產的蜂蜜酒，堪稱是人類最古老的酒。

「蜜月」的真正含意

由蜂蜜（honey）一詞而令人聯想到的，往往是指新婚的「蜜月（honey moon）」，其原來衍生自蜂蜜酒，如今已變成比蜂蜜酒普及且廣為人知的詞彙。

古代至中世紀初期的日耳曼社會，蜂蜜酒與啤酒同是人們最喜愛的飲品。新婚一個月期間稱為「蜜月（honey moon）」，也就是「蜂蜜的一個月」之意。因為中世紀日耳曼的習俗，結婚後新娘必須待在家裡一個月，每天餵食新郎蜂蜜以求順利懷孕，進而才有了「蜜月（honey moon）」一詞。而陰曆的一個月，其實相當於女人的月經週期，這段期間若夫妻不斷交媾，自然得以懷孕。同時，蜂蜜的營養價值高，一公克約有兩千九百四十卡路里，極具滋補作用。蜂蜜酒也被當作滋養補給品，常用於病後的復原或消除疲勞等。由於蜜蜂的多產特性，再加上蜜蜂會分泌出蜂王乳給女王蜂或女王蜂幼蟲食用，食用蜂王乳的女王蜂才得以每日產下兩千個蜂卵，因而蜂蜜也被認為具有壯陽效果。由此看來所謂的蜜月，其實不是意指新婚生活甜如蜂蜜。

2　水果酒之冠的葡萄酒

複雜的氣味、口感與色澤

以自然界果實為原料的酒中，最具代表的就是從西亞傳播至歐洲的葡萄酒。目前有超過六十個國家釀製葡萄酒，年生產量高達三千萬公秉以上。與啤酒相較，葡萄酒的生產量雖僅約達啤酒的五分之一，不過仍是數量驚人，也是飲酒文化中不可缺少的一環。葡萄酒最大消費國是義大利、法國，據說單單這兩個國家就能消耗掉世界四成左右的葡萄。葡萄的原產地在裏海沿岸，也許是隨著鳥類的遷移，才讓葡萄種子傳播到地中海沿岸等地。不過也有人認為，是腓尼基人將葡萄栽培技術傳播至地中海各地。

葡萄所釀製的水果酒——葡萄酒，帶有花香（發酵與熟成衍生的香味）與芳香（葡萄本身的香氣）等複合香味，並綜合了酸、甜、澀（果核含有單寧）的風味，還有入口後散發出的豐潤口感，以及挑動視覺的色澤等，因而廣為世界各地的人們所喜愛。

不過嚴格說來，從前的葡萄酒是地域性的酒。因為葡萄果實容易腐敗，不得不受限於產地。釀造葡萄酒，必須壓碎成熟的葡萄果實，並盡快進入發酵階段。為此，長距離運輸原料葡萄有其困難度，也讓葡萄酒成為與土地緊密相連的酒。「葡萄酒是取決於風土的酒」——這句話完全說明了葡萄酒既有的特性。

｜葡萄酒｜

以葡萄釀製、富含多層次香氣與豐富風味的酒，廣為世界各地人們喜愛。

血與復活的意象

用葡萄釀造的葡萄酒之所以普及的理由之一，是因為顏色如鮮血般鮮紅才擄獲了人們的心。本來腐敗且乾扁的葡萄，竟搖身復活變成帶有氣泡的鮮紅液體，因此古代的人們不免將「葡萄酒」賦予「血」、「生命」、「不死」等意象。

葡萄酒的釀造法，源起黑海與裏海間的高加索，然後再傳至周邊各地。從伊朗北部札格洛斯山脈的哈吉菲魯茲土丘（Hajji Firuz Tepe）遺跡出土的七千四百年前的壺片，發現了世界最早的葡萄酒殘滓。而後，六千年至四千年前葡萄酒又傳至美索不達米亞、古埃及。發展出美索不達米亞文明的蘇美人以「卑俗之人」稱呼葡萄酒，認為人類是神以「自己的血，即葡萄酒」混和黏土所創造誕生，葡萄酒是血液，讓黏土捏造的肉體起了生氣與復甦。

古埃及認為，太陽神拉為守護人們免受貪戀人血的天空女神哈托爾（是化身猙獰獅子，嗜食人類血肉之軀的神，傳說後來蛻變成愛芙羅黛蒂女神、維納斯女神，備受人們的敬仰）之迫害，故誕生血色的「葡萄酒」。

但也有人認為創造葡萄酒的是農耕之神歐西里斯，他是大地之神蓋伯與蒼穹之神努特的私生子，也是支配世間之神荷魯斯的父親。文化人類學者弗雷澤（Sir James George Frazer）在《金枝（The Golden Bough）》裡記述：「埃及人在歐西里斯的教化下，從野蠻變成擁有律法，並且開始崇拜諸神。在歐西里斯出現以前，埃及人是食人族。歐西里斯的妹妹、也是其妻的伊西絲，發現了野生的大麥與小麥，歐西里斯則將這些穀物的栽培法廣傳至民間。而後人們捨棄食人的習慣，漸漸喜好穀物食物。接著，歐西里斯又採集樹木的果實，栽種葡萄攀附蔓延棚架上，據說歐西里斯是第一個踐踏葡萄果實釀酒的人。他期待將這般仁慈的發現傳授給全世界的人們，於是把治理埃及的重責委託妻子伊西絲，自己則遍行世界各地以傳播文明與農業的祝福。（永橋卓介翻譯）」

冬季凋零的大地，來到春天轉變為肥沃的原野，對古代人們來說是相當動人的景象，因而才誕生創造了死而復生的歐西里斯神話。而那樣的意象，也與葡萄酒的製造過程不謀而合。

埃及的納克特（Nakht）陵墓壁畫，描繪了從採摘葡萄直到釀製葡萄酒的一連串過程，顯示在四千年以前葡萄酒的釀製已相當普及。同時，以黃金喪葬面具而聞名的圖坦卡門（Tutankhamun）（西元前一三五四年左右～西元前一三四五年）陵墓中，也從陪葬品的壺裡驗出葡萄酒。

葡萄酒之神迪奧尼索司的悲戀

葡萄酒製造技術從埃及來到克里特島，再經由腓尼基的港口畢伯羅斯傳播至地中海周邊。在希臘，人們將葡萄放進以松脂加工的大木桶裡等待發酵，之後再加入香草、香辛料、濃度高的海水，即完成葡萄酒的釀造。最後，釀造完成的酒放進動物的皮囊內或古希臘羅馬常見的雙耳細頸瓶（amphora）予以出售。雙耳細頸瓶，是一種兩側帶有拿取把柄、底部呈尖錐狀的奇特水壺，可懸掛在馬鞍以利搬運。

古希臘人將豐收之神迪奧尼索司（Dionysus，古羅馬稱為巴卡斯〔Bacchus〕）與葡萄酒聯想在一起，因此，迪奧尼索司既是豐收之神也是酒神。迪奧尼索司的「血」具有復甦的力量，飲用後可使人健壯，人們也因葡萄再生的葡萄酒而獲得復甦的力量，進而再耕作、豐收。

一度枯萎後再長出新芽、復甦為綠茵植物的迪奧尼索司，化身為葡萄酒，象徵葡萄的再生。迪奧尼索司每年冬天死去、春天再復甦，如此周而復始的再生也被視同死者的復活。因此，在迪奧尼索司祭典時男女狂飲「葡萄酒」，沉醉在活著的喜悅中。迪奧尼索司祭典，堪稱是古希臘最大規模的慶典儀式。

關於迪奧尼索司，還有這樣的傳說。遍歷世界各地的迪奧尼索司在雅典附近的伊卡里亞村受到農夫伊卡洛斯的款待，為了報答，特地教導葡萄的栽培與葡萄酒的釀造。立刻開始釀造葡萄酒的伊卡洛斯，把葡萄酒裝進山羊皮囊裡與村人分享，初次經驗到酒醉的村民以為自己喝了毒藥，故殺死伊卡洛斯。伊卡洛斯的女兒傷心過度也上吊自殺。知道事情原委的迪奧尼索司一怒之下，令全村的女孩發狂，紛紛上吊自殺。村民們知道錯怪了伊卡洛斯，於是開始祭祀死去的伊卡洛斯與他的女兒。此舉也平復了迪奧尼索司的憤怒，讓該地成為葡萄的產地。

看似擁有神奇復活能力的迪奧尼索司，其實對於愛情執迷不悟。據說迪奧尼索司到各地宣傳葡萄的栽培與葡萄酒的釀製時，曾在愛琴海的納克索斯島（距離雅典東南方約兩百公里）遇見名為阿麗雅德妮的憂傷美女。

阿麗雅德妮是克里特王的女兒，她迷戀上英雄忒修斯，當時忒修斯為制伏迷宮牛頭人米陶諾斯而自願成為誘餌。阿麗雅德妮要求忒修斯帶她前往雅典，她則從建造迷宮的工匠手裡取得線團，偷偷交給忒修斯。忒修斯將線頭固定在迷宮入口，一邊鬆開線團一邊前行，待殺死米陶諾斯後才循著絲線走出迷宮。而後，忒修斯帶著阿麗雅德妮前往雅典。但途中忒修斯開始對阿麗雅德妮心生煩厭，遂趁阿麗雅德妮熟睡之際丟下她離去。儘管是常見的負心漢，但被自己深信不疑的男人拋棄，阿麗雅德妮還是不免神傷。

愛慕阿麗雅德妮的迪奧尼索司不斷鼓勵她，並以綴滿寶石的黃金冕冠作為訂婚信物，守護著阿麗雅德妮直到兩人結婚。然而命運總是捉弄人，阿麗雅德妮患了重病，年紀輕輕即離開人世。哀傷不已的迪奧尼索司遂將那頂黃金冕冠擲向天際，變成了夜空中閃耀的「北冕座」（牧夫座旁的小星座）。從前的黑夜一片漆黑幽暗，可以清楚看見從天而降的星星，人們於以星星為寄託訴說種種神話傳說，其中之一即是這則有關葡萄酒之神迪奧尼索司的悲戀故事。古羅馬人稱迪奧尼索司為「巴卡斯」，等同豐饒之神、酒神利柏爾（Liber）。不過與迪奧尼索司不同的是，古羅馬人把巴卡斯描繪為陰柔的俊美青年。

年過四十再喝葡萄酒吧

古希臘哲學家柏拉圖認為，葡萄酒是讓人類得以更為理性的飲品。他推崇一邊啜飲葡萄酒一邊對話，認為那極具教育意義。的確，愉悅的微醺讓人得以脫下常識的「盔甲」，啟發了柔軟的發想。藉由飲酒，也能建立起面對面（face to face）的溫厚人際關係，並從自由自在的對話中衍生新穎的創意。不過，過量終究是不當。古希臘人是以水稀釋葡萄酒，謹慎飲用。他們認為喝未稀釋的葡萄酒是「斯基泰（古希臘人稱活躍於歐洲東部的游牧民族為斯基泰（Scythae））」的行為，並不是得體的飲用方式。

柏拉圖說：「十八歲以前絕不可喝葡萄酒，來到三十歲可以適度喝些無妨，但不應該顯露出醉態或喝得過量。四十歲以後，則應該喝得盡興、喝得歡樂。唯有葡萄酒可以減輕他們所背負的人生重擔，療癒他們不易取悅的心，恢復年輕，忘卻絕望。」這段話也流露出他對酒的深切理解。

柏拉圖還說，來到擁有自制力、必須讓自己的心靈得以安心鬆懈的四十歲，就需要盡情喝葡萄酒。他認為葡萄酒是得以拂去憂傷、喚回年輕的食糧。想來「不得不借酒澆愁」的憂傷，也瀰漫於當時的古希臘世界。因為柏拉圖曾親眼目睹，雅典在群眾煽動家操弄下走向衰敗的過程，他的老師蘇格拉底企圖復興挽救雅典，卻遭到民眾審判死刑，逼得最後飲下毒液而死。從柏拉圖的諄諄教誨看來，酒得以讓彼此脫去身分地位，回歸到人的本質進行對話，是自古至今都不曾改變的事啊！

遭到葡萄酒驅逐的麵包

位於地中海中央的義大利半島，在漫長歲月裡始終是地中海世界的「邊境之地」。所謂的地中海世界，起始於東側的愛琴海，再拓展到以迦太基為中心的西地中海，中部的義大利半島則歸屬於非主流地帶。因此，由東方傳來的葡萄酒，直到最後才來到古羅馬，成為當時異國的時髦飲品。

基於這樣的理由，古羅馬把葡萄酒歸為貴重品，規定三十歲以下的男性與婦女不得飲用。凱薩大帝（西元前一〇〇~前四四年）的時代，葡萄酒仍是高價品，裝滿雙耳細頸瓶的葡萄酒一瓶可以換得一名奴隸。

當時的葡萄酒是黏稠的「濁酒」，將葡萄酒傳至羅馬的希臘人，據說在飲用葡萄酒時會加入海水、清水、啤酒、蜂蜜酒稀釋。希臘人自詡「飲用稀釋葡萄酒才稱得上文化」，羅馬人也效法希臘人，以兩倍至三倍的水稀釋葡萄酒後才飲用。有時甚至加入熱水，或為保存而加入貝殼或石膏，有時甚至放入鉛製容器加溫，因而導致許多貴族鉛中毒。

羅馬帝國征服地中海世界後，葡萄酒成為享樂主義至上的羅馬人在宴席上必不可少的飲品。凱薩大帝遠征高盧（現在的法國）之際，帶回凱爾特人釀造啤酒的木樽，葡萄酒放入桶中後風味更佳。原來具有通氣性的木樽讓空氣與酒精起了微妙接觸，更增添葡萄酒的韻味。對熱衷美食的羅馬人而言，葡萄酒是用餐的一部分。即便到了今天，義大利人用餐時仍脫離不了飲酒的習慣。而且在義大利，酒醉並不算是什麼醜事。

隨著葡萄酒的普及，義大利半島急速擴展的葡萄園占去既有的穀物田，造成為食糧問題，迫使羅馬人不得不從埃及或北非引進食用的穀物，最後穀物不足終於釀成社會問題。當時的局勢是，富有者的葡萄酒更優先於貧窮者的穀麥。據說深受羅馬皇帝尼祿寵愛的佩特羅尼烏斯（Gaius Petronius Arbiter）在平民飢餓之際，還拿出百年歷史的坎帕尼亞葡萄酒款待客人，可見葡萄酒已急速普及，並影響統治階級。

西元九一年，羅馬皇帝多米提安努斯（Titus Flavius Domitianus）（西元八一～九一年在位）下令：「帝國的葡萄樹，必須削減至目前數量的二分之一」，因此種植在阿爾卑斯以南的葡萄樹被連根拔除，統治者不再坐視貴族階級獨享的葡萄酒毀滅社會大眾。

納入《舊約聖經》的〈諾亞方舟〉，描述歷經了四十日大洪水波折的諾亞，在下船後打造葡萄田，喝下採收釀造的葡萄酒後，以天幕為衣裸身呼呼大睡。想必那應該是豪飲吧。說到《舊約聖經》，〈創世記〉記載葡萄酒得以「愉悅人的心靈」，相對的也能「遮蔽人的品德」。

相信〈諾亞方舟〉真實性的人們甚至認真探查有關方舟的一切，推測諾亞方舟的抵達地應該是土耳其東部的亞拉拉特山（標高五千一百六十五公尺）。至於諾亞飲下葡萄酒後裸身而睡這個部分，則象徵諾亞不願犧牲動物，而以帶有血色的葡萄酒代替犧牲的血奉獻給神。

耶穌的死與復活之象徵

基督教視葡萄酒為「耶穌的聖血」、「天國的飲品」。採摘的葡萄在經過壓榨、發酵為葡萄酒的過程，意味著耶穌的「痛古與死亡」，以及之後的「復活」。

西元七世紀至八世紀，在伊斯蘭教徒的「大征服運動」中，儘管地中海變成「伊斯蘭的海」，但歐洲內陸的修道院仍持續致力於葡萄酒的釀製。對冬季嚴寒而難收穫穀物的阿爾卑斯以北的歐洲來說，葡萄酒可說是缺糧時的「食品」。西元八〇〇年由羅馬教皇親自加冕的查理大帝（西元七四二～八一四年），將土地贈予教會或修道院，以獎勵釀造葡萄酒，堪稱是奠定西歐葡萄酒文化的關鍵人物。

重現耶穌被釘死在十字架的彌撒，原本是主教、神父等舉行的公開儀式，到西元八世紀以後修道院也舉行不公開的彌撒。象徵「聖體」的麵包與象徵「耶穌神聖之血」的上等葡萄酒，是彌撒中不可缺少的聖物。於是修道院競相努力釀造葡萄酒，固然是基於宗教的理由，不過也不乏是因為歐洲「貧瘠的飲食」。當時沿街而建的教會或修道院，常是旅人的寄宿處，但能供應款待來客的也只有那些上等的葡萄酒了。幸運的是，葡萄還能勉強在穀物都難以生存的西歐貧瘠土壤裡存活下來。

在寒冷的西歐，葡萄的栽培終究還是要受制於自然環境，在生長與難以生長的夾縫中必須以毅力對抗嚴苛的風土條件，如此才能培育釀造出優質的葡萄酒。釀造聞名的勃根地（Bourgogne）葡萄酒的熙篤會修道院修士們，終生奉獻於葡萄園的栽種。從這些「蒙哈謝（Montrachet，禿山）」、「皮埃爾（La Perriere，瓦礫之地）」等葡萄園名，亦不難想像他們當年的奮鬥。劇烈的勞動也耗損了修士們的健康，根據記錄顯示，這些修士們的平均壽命僅有二十八歲。

商業復甦的西元十二世紀，葡萄酒的生產出現了特定地域化，但也開啟了葡萄酒的運輸。今日，沉重貨物的重量單位「噸（ton）」，即源自一樽葡萄酒的重量。從波爾多運送大量葡萄酒至英國時，能載運幾樽葡萄酒也等同於船的積載量。有人認為是因為敲擊空的樽時會發出「tun」的聲響，因而才衍生「噸（ton）」的詞彙。與勃根地並列的葡萄酒產地波爾多，由於加隆河與多爾多涅河的水運之便，逐漸成為主要的葡萄酒產地。西元十三世紀中期，英格蘭皇室消費的葡萄酒中，有近四分之三是來自波爾多。

3　歐亞大陸大草原所孕育的馬乳酒

騎馬帝國的活力劑

歐亞大陸是橫貫東西約八千公里的大草原，也是游牧民族生活的大舞台。即使在如此缺乏果實的草原，人們依舊尋找出釀酒的素材。游牧民族就是以馬乳為釀酒的原料。他們成功地讓含有百分之六乳糖的馬乳發酵，釀造出酒精濃度不高的馬乳酒。世界上的酒多以植物為原料，馬乳酒卻不同，是源於大草原稀有罕見的酒，也是游牧世界的酒。

含有乳糖的馬乳，原本是不利酒精發酵的素材，幸運的是草原地帶的自然環境碰巧存在著得以發酵為乳酸的酵母。一般說來，一個家庭約飼養兩百頭左右的羊，而讓這些散居於草原的游牧民族產生連結、互通有無的則是「馬」。相距十公里之遠的各家族連繫、軍事用途的遠征等，一切都得仰賴馬。西漢歷史學家司馬遷的

《史記》提到，對漢朝帝國造成威脅的游牧民族匈奴帝國，他們的孩子在學會走路後即訓練乘騎小馬或羊，讓他們自幼習慣親近馬。因為馬是草原生活中密不可分的一環。

據推測，游牧民族在兩千五百年前已使用皮革袋發酵馬乳（有時是駱駝的乳）。土耳其語的「Кумыс」、蒙古語的「айраг」，都是馬乳酒之意。西元前五世紀古希臘的歷史學家希羅多德在《歷史》一書，記錄了黑海北岸的斯基泰人飲用馬乳酒。另外，土耳其語的馬乳酒之拼音即源自古代亞洲的庫曼（Kuman）人。

馬乳酒含有豐富的維生素C，可強化血管，促進新陳代謝。使用剛擠出的馬乳、並經過乳酸發酵釀造的馬乳酒，喝了對身體有益，可說是游牧民族的「生命之水」。馬可波羅（西元一二五四〜一三二四年）在《東方見聞錄》記載：「他們只有在萬不得已時吃些馬乳與自己捕獲的獵物，如此一來才能在一處駐留一個月之久，並且持續行軍。」文中以「Кумыс」稱呼像是白葡萄酒的馬乳。所以，馬乳堪稱是游牧民族得以建立蒙古帝國的活力劑。

至於日本的「可爾必思（Calpis）」，是第一次世界大戰後的西元一九一九年，三島海雲仿自蒙古人的馬乳酒所製造販售的乳酸菌飲料。它使用是的脫脂乳，發酵後再加入糖分，並添入鈣。商標名的「Calpis」，是取自「calcium（鈣）」與梵語的「sarpis（五味中的熟酥味）」。不過，如今蒙古人視馬乳酒為潤喉的「飲料」，並不把它當成酒。

另外，「凱菲亞（kefir）」是黑海與裏海間的高加索山岳地帶所釀造的酒，用的是牛乳，不是馬乳。為了促使牛乳（有時是綿羊或山羊的乳）發酵，所以必須在發酵過程中不斷補進新的牛乳。「凱菲亞（kefir）」這個名稱，其因是加入名為「kefir」的黃褐色穀粒。

馬乳酒也是糧食

游牧民族飲用發酵馬乳的理由，據說是生飲馬乳容易腹瀉，但為不浪費家畜所供應的食材，遂運用「生活智慧」創造了馬乳酒。

三月至四月是馬的產期，此時期的馬乳是養育小馬之用。待六月末至十月左右，小馬的需求量逐漸變少，則可擠出三百至四百公升的馬乳作為馬乳酒的原料。雖說是酒，馬乳酒的酒精濃度卻僅有百分之一至三，在乳酸發酵後會變成黏稠的酸奶狀，即使取大碗飲用，數碗後也不醉。據調查顯示，蒙古的男性一個月可喝掉約四公升的馬乳酒。換言之，馬乳酒也是一種食糧。

馬乳酒的釀造法雖然簡單，每個家庭卻各有其美味的秘方。一般普遍的做法是將剛擠出的馬乳放入皮革袋，以攪拌棒混合攪拌七至十天後，附著在皮革袋裡的乳酸菌或酵母菌開始產生發酵，即能輕鬆獲得馬乳酒。過程中若加入前年做的馬乳酒，則更容易引發發酵。

釀造的大量馬乳酒，冬季時放置在戶外冰凍保存，等到過年時享用。不僅是過年，每有喜慶慶典也會喝馬乳酒祝賀。想必建立橫貫東西歐亞大陸帝國的成吉思汗，在舉杯慶賀戰績時，杯裡也是不算烈酒的馬乳酒。游牧民族的馬乳酒充其量僅是自家製的酒，像是營養補給劑，並未商品化。

1　佛教認為乳的精製過程中，會出現五階段風味，乳味、酪味、生酥味、熟酥味、醍醐味。

4　沿「海之路」蔓延的椰子酒

連馬可波羅也大吃一驚

分布於亞熱帶、熱帶的椰子，種類量僅次於稻禾科、百合科、蘭科的植物群，共計約有兩千六百種。其中，生長在亞洲的約有一千四百種。椰子的樹液容易產生發酵，作為酒原料已有長達五千年以上的歷史了。

歐亞大陸南緣地帶的「海之路」，在西元十世紀後期由於是運輸中國陶瓷器的主要運輸通道，故也稱為「陶瓷之路」。而連結起紅海、波斯灣、阿拉伯海、麻六甲海峽、南海的交易海路，則是支配東亞與西亞的蒙古帝國。無論是如今我們熟悉的「青花瓷」，或是為因應西亞所需採用波斯產釉藥的鈷藍陶瓷，在西元十四世紀蒙古帝國（中國元朝）末期時，技術都已相當純熟。

據說馬可波羅侍奉元世祖（忽必烈）的十七年間，曾護送闊闊真公主遠嫁西亞的伊兒汗國，之後他再沿「陶瓷之路」由東往西，行經波斯灣返回故鄉威尼斯。他在西元一二九〇年從福建泉州港啟航，經過二十六個月的航行後抵達波斯灣入口的霍爾姆茲海峽港口，西元一二九五年返抵威尼斯。

為了撫慰漫長航海的苦悶，據說馬可波羅在靠岸的港口喝了青澀且帶有酸甜滋味的椰子酒「toddy」。在熱帶、亞熱帶，椰子酒是極為尋常的酒，但看在地中海長大的馬可波羅眼裡，卻是稀奇罕見。

他在《東方見聞錄》的〈木都次王國〉及〈斯里蘭島〉，皆提到椰子酒。看來馬可波羅對於椰子得以簡單發酵一事，深感興趣。

現今的西亞、印度、東南亞各地，依舊釀造由椰子樹液「toddy（正式名稱是fermented toddy，但多半簡稱toddy）」發酵的椰子酒。只要靜置椰子樹液一至兩天，即能得到自然發酵的椰子酒，釀造方式極為簡單。椰子酒的味道像加水稀釋後的蜂蜜，冰過後風味更佳。

然而事物皆是一體卻多面，既有好的一面，當然也有壞的一面。在熱帶地區，椰子酒是得以輕鬆自然發酵的酒，卻也容易腐壞變酸，既不利保存，更不耐長途運輸。相較葡萄酒在西元十九世紀即成為稱霸歐洲的酒精飲料，椰子酒至今卻僅是歐亞大陸南緣地區的特產酒。馬可波羅在《東方見聞錄》的〈木都次王國〉如此描述道：

「——那是島上培育的一種樹，土著們切去它的枝，把大壺懸掛放置在切口下。一天下來，壺就滿了。此酒喝來的確美味，可治腹脹、咳病、脾臟病。此樹乍看像小型的椰棗樹，也幾乎無枝，但在適宜時節切下其枝，即能豐收美味的酒。待枝的切口不再流出汁液，他們又挖溝渠引附近小河的水灌溉樹根。一段時間後即能再流出樹液，此時流出的不是第一次的紅色汁液，而是淡色的。於是，他們就那樣取得了紅色與白色兩種不同的酒。（愛宕松男翻譯）」

馬可波羅非常訝異，椰子的樹液竟能變成酒，不過因為它的酒精濃度極低，是放置三、四天後即會腐敗的生鮮酒類。

總之，挖開椰子的樹幹，再塞入枯草悶燒，然後接上管子與大壺，待流出樹液時即是酒了。如此說來，居住在熱帶、亞熱帶的人們，其實住家門前都有個自動造酒機呢！

第二章 文明更帶動了釀酒

1 四大文明擁有各自的酒

也依附於穀物的酒文化

文明，建立於栽培麥類、稻米、粟米、玉蜀黍等禾科穀物的前提下。若無大量生產的穀物，是不可能出現巨大的文明。也因為穀物，人類開墾田地、懂得灌溉、漸漸形成人口密集的城市，同時穀物也是孕育文明的能源。直至今日，地球上超過六十億的人口中，仍有絕大多數的人們是仰賴穀物生存。

不容分說，堪稱「小巨人」的穀物是人類的恩人。而人類人生中不可缺少的酒，也十分仰賴穀物。由於穀物，酒才得以開始大量生產，逐漸走向大眾化的道路。隨著以穀物為原料釀造酒的量產，酒的歷史才能往前推進到第二階段。

依附大河流域形成的四大文明，也各有其主要的穀物，並衍生出當地特有的酒類。不過，穀物在化身為酒前，如何卸除堅硬武裝的外殼，才是首要必須克服的挑戰。穀物本身帶有容易引發酒精發酵的糖分，但轉化為澱粉的過程才是最大的難關。

酒精發酵的棘手處在於，酵母分泌的發酵酶必須分解出葡萄糖或果糖等單醣，才能轉化為乙醇與二氧化碳。也就是說，酒精發酵需要糖分，但問題是如何讓澱粉（碳水化合物）轉換為麥芽糖等，再進而轉化為單醣。

各種穀物酒各具有特色

支撐諸文明的穀物，隨各地域的風土與歷史演化而有所不同。為此，以穀物作為原料的酒，也非常多樣化。主要的穀物酒中，有以麥類為原料的啤酒、以黍米或稻米為原料的中國黃酒、以稻米為原料的日本清酒、以玉蜀黍為原料的印加帝國的吉查酒（Chicha）等，同時也為各自的文明帶來獨特的風貌。

孕育四大文明的穀物中，最先與酒產生連結的是碾為「粉」、並發酵做成麵包的麥類。由於麥類必須被磨成粉才能食用，因而也是最容易變成酒的穀物。

幸運的是，穀物的穀芽含有讓澱粉轉為糖的酵素。因此，麥食圈（美索不達米亞、埃及）利用發芽的麥類（麥芽〔malt〕）產生發酵，以製造啤酒。

稻米、粟米、黍米食圈（中國的黃酒、日本的清酒）利用的是特殊黴菌（在中國是根黴屬菌〔rhizopus〕，日本是麴菌），才能讓稗子、小麥、稻米起糖化作用，也使得這些地區的造酒工程更顯棘手。根黴屬菌是一種在潮濕場所容易滋生的普通黴菌，也運用在亞洲各地的釀酒。麴菌則是日本一般常見的不完全菌（反覆無性生殖的菌），「麴」也用於味噌、醬油、酒的釀造上。使用麴菌的日本酒，算是世界上極具特色的酒。

接下來，就依美索不達米亞、埃及的啤酒，中國的黃酒，日本的清酒，印加帝國的吉查酒之順序，回顧細述這些交織出世界史的穀物釀造酒之歷史脈絡。

2　由美索不達米亞流傳到歐洲的啤酒

啤酒是液體麵包

啤酒是世界上最廣為飲用的釀造酒，每年間的生產量足足超過一億公秉。若以六十億世界人口計算，估計世界每人每年喝下十七公升以上的啤酒，數量實在驚人。啤酒的主要生產國是美國、德國、英國、比利時，不過不屬於麥食圈而以稻米為主食的日本，近來的啤酒生產量也大幅增加，逐漸居於酒精飲料之冠。啤酒「beer」，有人認為是源自拉丁語的「bibere（飲料之意）」，但也有人以為是日耳曼語的「beor（穀粒發酵後的飲料）」。

在誕生文明的五千年前，啤酒已是美索不達米亞、埃及的飲料。當時的啤酒呈濃稠狀，像是「喝的麵包」、「液體的麵包」，因為原料是簡單可以取得的麥類，同時也是深入大眾日常生活的飲品。不過，當時的啤酒不帶「苦味」，反而比較像是酒精濃度低且無氣泡的飲料。儘管如此，建立起美索不達米亞文明的蘇美人還是非常喜歡飲酒，收穫的麥類中有百分之四十皆用於釀造「啤酒」。與現今相較起來，比例實在是相當的高。

初期的啤酒，是用咀嚼過的麵包所做成，因為人類的唾液可以促進發酵。為此，蘇美人認為「發酵」是名叫「寧卡西」的女神在口中施展的魔法。巴黎的羅浮宮收藏著著名的「藍色紀念碑」，據推測是西元前三〇〇〇年左右的遺物，是兩塊刻有麥類脫殼與啤酒釀造的黏土板，為獻給農業與豐饒之女神。美索不達米亞的蘇美人世界，是由女性負責啤酒釀造。據說，她們可以用大麥釀造出八種啤酒、小麥釀造出八種啤酒、混合穀物則釀出三種啤酒。啤酒既是補給食品，也是洗滌神像或農田的除穢酒。

在美索不達米亞，建造神殿的勞動者一天可獲得一公升啤酒的酬勞，而位居高位的祭司則是其五倍之多。貴族等權貴者們將大量的啤酒奉獻給神殿，因為他們認為美索不達米亞的諸神喜歡飲酒，希望諸神能為他們帶來更多的利益。

古埃及在五千年前即釀造啤酒，他們將麥芽烘培做成的麵包剁碎，溶於水後放進細長的壺裡等待發酵。由於壺是栓緊的，所以保留了二氧化碳，也讓風味更加濃郁深厚。據說有時這些壺會放置在陰冷處保存，直到熟成為止。而後，他們又學會在啤酒內添加黏土以提升液體的透明度，或是加入椰棗等果實以穩定加強酒精濃度，甚至還研發出添加香草等各種啤酒，並取名為「帶來喜悅之物」或「天堂的飲料」等酒名。根據文獻記錄，當時古埃及的啤酒若不以水稀釋，酒精濃度與葡萄酒不相上下。

在貨幣尚未普及、以物易物的古埃及，祭司或官吏的部分俸祿是以啤酒支付。也許因為如此，權貴階級者皆有飲酒習慣，進而衍生出風紀糜爛的問題。古埃及的阿尼（Ani）有格言說道：「在給你喝酒的人家家裡，不可一頭熱。——直到腳麻痺，終於醉倒，卻沒有願意幫你。同伴喝完酒皆散去。主人說：『給我回去，你已喝得夠多了！』人們看到的是個像還未說夠自己的事卻也無人理會的孩子，他正躺在地上撒野。」藉此勸誡不得飲酒過量。看來無論是三千年前或現在，爛醉都會毀了自己。

從漢摩拉比法典看當時的酒館

在美索不達米亞，即使是西元前十七世紀的古巴比倫尼亞王國時代，啤酒釀造仍屬於女性的工作。雖然已有人在自家釀酒，但也有販售酒的人。漢摩拉比王（西元前一七二四～前一六八二年）制定了共兩百八十二條法規的《漢摩拉比法典》，其中許多法令與酒館相關，透過這些法令也可以想像當時酒館的風貌。根據法典規定，啤酒的販賣必須以原料的穀物作為代金，販售啤酒的女性若要求顧客以銀支付、或販售與代金穀物不相等比的啤酒，必須被丟入水中以示懲罰。此外，犯罪者易混入酒館，因而也嚴格規定酒館女性不得藏匿犯罪者，否則予以重罰。法典中還言明，藏匿犯人者必須處以「死刑」。這些條令固然難以勾勒出當時酒館的全貌，卻不難理解那是個管理棘手的場所。當時顧客在酒館賒帳喝酒的情況頗為尋常，為避免不當的催款，也規定了賒帳時應支付的穀物量。法典中的規令如下：

第一〇八條　若酒館的女性不收取穀物作為啤酒代金而收取銀，或給予的啤酒不足穀物代金之份量，則投擲入水中作為懲罰。

第一〇九條　若通緝中的犯人混入啤酒酒館，卻予以包庇而未告知當局時，酒館的女性將被處以死刑。

第一一一條　若啤酒酒館的女性願意賒帳供應六十個單位（ka）的啤酒量，顧客待收穫時就必須回以五十個單位的穀物量。

美索不達米亞的啤酒釀造，隨歲月的累進更加精湛成熟。來到西元前六〇〇年左右，新巴比倫尼亞王國開始由男性參與啤酒的釀造，並成立啤酒釀造工會，當權者也給予該公會極大的權限與榮耀。新巴比倫尼亞王國的最盛期，尼布甲尼撒二世（西元前六〇四～前五六二年）滅亡了猶太王國，並把大批猶太人強制擄往首都巴比倫，命令其建造「巴別塔」等雄偉建築。由於尼布甲尼撒二世非常喜好啤酒，據說在巴比倫王國守護神的巨大神殿裡設置了啤酒瀑布。同時他還保護啤酒釀造者，讓他們在馬爾杜克神祭典時坐在榮譽席次，因為啤酒是祭典中不可欠缺的一環。由此也可看出啤酒釀造的普及，以及當時釀造業者已擁有不可動搖的社會地位。

啤酒的酒醉醉倒是「向後」？

而後，啤酒從古埃及傳至古希臘。哲學家亞里斯多德（西元前三八四～前三二二年）曾說過令人摸不著頭緒的話，他說：「葡萄酒的酒醉醉倒是往前，啤酒的酒醉醉倒是往後。」在穀物常陷入不足的古希臘，啤酒並不受歡迎。也許是認為把珍貴的穀物麥類變成酒，根本是豈有此理之事，故此處的「向後倒」也帶有厭惡的意味。然而隨著時代演進，在希臘化的時代，據說古埃及女王克麗奧佩脫拉就是利用啤酒對飲相繼周旋於凱薩大帝、馬克安東尼之間。

古羅馬帝國，在祭祀大地女神克瑞絲（Ceres）的慶典時會狂飲以麥製成的「cervisia」啤酒，不過愛好美食的古羅馬人還是偏愛與食物相得益彰的葡萄酒。日耳曼人等民族偏好的啤酒，常被視為是野蠻人的飲品，也讓啤酒文化僅能路過地中海，終於在阿爾卑斯以北落地深根。

啤酒的釀造，在歐洲的大麥產區逐漸進化發展。過去飲用蜂蜜酒的日耳曼人、凱爾特人，嘗過得以大量釀造的啤酒後，更成為愛好擁護者。古羅馬科爾涅里烏斯・塔西佗（Cornelius Tacitus）在其著作《日耳曼尼亞志》提到日耳曼人毫無節制的飲酒：「那飲料以大麥或小麥釀造，是有些像葡萄酒的液體，但在河岸（萊茵河及多瑙河）附近仍可購得葡萄酒。（中略）他們對於飲酒毫無節制。若是順從慾望，任由酒癮擺佈，比起以武力征服他們，還不如以此惡習征服他們吧。（田中秀央、泉井久之助翻譯）」就連統一日耳曼社會的查理大帝，也曾召集優秀的啤酒釀造師入宮廷。換言之，中世紀的歐洲歷史，實在不能捨去啤酒不談。

「綠色黃金」啤酒花的登場

仿若葡萄酒的發展，在中世紀的歐洲，讓啤酒的製造更為純熟的依舊是修道院。以生產品質優良啤酒聞名的比利時，直到今日仍有釀造啤酒的修道院，而人們也偏好修道院釀造法的濃厚啤酒。

為添加啤酒不可缺少的「苦澀」風味，人們最初使用香楊梅（Myrica gale）的葉子。日本阿伊努人認為香楊梅擁有強悍的生命力，所以神（kamuy）取黏土與香

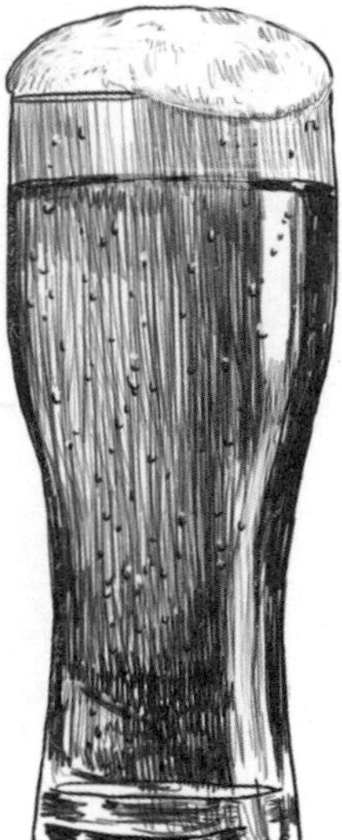

｜啤酒與啤酒花｜

啤酒花不僅增添啤酒的風味，還兼具抗菌的功能。

楊梅創造人類，而生命的能量就寄宿在香楊梅的枝幹。日耳曼人添加的正是充滿生命能量的香楊梅的葉子，想必是希望為啤酒賦予生命力吧。

而後人們又企圖為啤酒增加香味，以該地容易取得的香草類為主，混入丁香及肉桂等多種類的香料與藥草調和出「Gruut」。從此，「Gruut」也成為特色啤酒的秘方。

直到西元七、八世紀，德國以「啤酒花（蛇麻）」取代「Gruut」。德國人將啤酒花雌花底部的黃色粉末（稱為「啤酒花」或「蛇麻草粉」）加入啤酒，以增添「苦澀」風味，製造出保有二氧化碳氣體的啤酒。據說在巴別塔建造的時代，巴比倫人就在「空中花園」栽培啤酒花，不過真相如何已不可考。

與葡萄一樣，啤酒花原產於黑海與裏海間的高加索，是大麻科的蔓生草本植物，在西元七世紀已傳播至德國。西元七三六年，慕尼黑近郊打造了啤酒花花園，更有規模地進行栽培。由於能為啤酒增添香味與苦味，也能讓氣泡更加飽滿，所以啤酒花被讚譽為「啤酒的靈魂」或「綠色黃金」。

現今我們喝到的啤酒，則得回溯到西元一五一六年，南德巴伐利亞王國（首都慕尼黑）國王威廉四世頒布的「啤酒純粹令（Reinheitsgebot）」，規定啤酒的製造僅限使用酵母、大麥、啤酒花與水。由於長久以來出現許多劣質的啤酒，例如為著色而添加煤、或是麥芽的使用比率不足等，此法令是為了讓啤酒的品質更均質化。

威廉四世頒布法令的目的，不僅是希望優質啤酒的普及以確保市民的健康，同時也為避免食用小麥挪做釀造啤酒，希望藉由立法解決糧食短缺的難題。此法令一出，也打擊驅逐了「Gruut」，從此建立起啤酒的基本型態。

啤酒花輕爽潤喉，不僅具有濃郁口感，還能預防細菌的繁殖。換言之，啤酒花還兼具殺菌、抗菌之功能。此外，啤酒花所含的單寧（澀味）可以排除啤酒中過多的蛋白質，幫助提升風味上的「爽口度」與視覺上的「透明度」。一般而言，一公秉的啤酒約需使用掉一點六公斤左右的啤酒花。

3　東亞的穀物酒「黃酒」

傾國美女與酒池肉林

在中國喝的是雜糧稗子釀製的酒。在殷朝（西元前十七世紀末～前十一世紀）酒與宗教的淵源頗深。從殷朝遺跡出土的許多祭祀用青銅器中，以「爵」等酒器為最大宗。

推翻殷的周朝，為貫徹統治天下的封建制度，派遣族人前往各地方執政。地方長官於就任地赴職時，周王會賜予象徵權力的「爵」之酒器。也因此，貴族的「侯爵」、「伯爵」等稱號，就是源於象徵身分地位的酒器。

古代的中國也視飲酒過量為「惡」，予以抨擊。戰國時代（西元前四〇三～前二二一年），中國最古老的詩集《詩經》嚴厲批評殷王沉溺酒色亂政、日以繼夜飲酒作樂一事。因為當時的人們認為酒是神的，「淫酒」必遭致報應。《史記》也狠

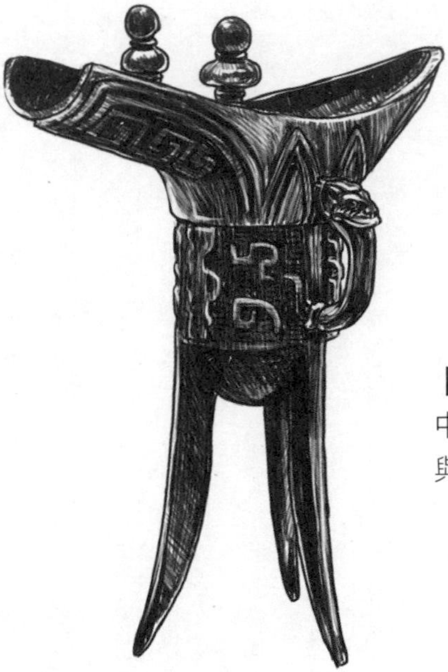

|爵|

中國古代的青銅酒器，也是權力與身分地位的象徵。

狠批判了為所欲為的殷紂王。西元前十一世紀，殷朝最後的帝王紂王，原本是頭腦清晰且雄辯的君主，據說他武功高強可以徒手打倒猛獸。不過在他征服有蘇氏後，溺愛有蘇氏送來的美女妲己，鎮日糜爛且暴虐。最後終遭到滅國的命運。紂王招致「亡國」的行徑，也有了「酒池肉林」的傳說。

據說紂王在鹿台的宮殿收藏了驚人的金銀財寶，鉅橋的倉庫則裝滿穀物，並擴建名為沙丘的離宮，以放養來自各地的鳥獸，並在離宮掘池，池裡裝滿了酒，樹木皆懸掛乾肉宛若肉林，又令男女裸身奔跑其間，與妲己徹夜設宴狂歡作樂。

人的慾望一旦徹底放縱，就再也難以約束，進而偏離常軌。後來，紂王甚至將塗滿油的銅柱橫放在燃燒的火焰上，命令忤逆者行走其上，以觀看犯人滑落火中活活被燒死為樂，這就是所謂的「炮烙之刑」。此外，紂王的叔父比干因諫言而遭紂王剖腹殺害，並取出心臟。從此，天神捨棄了紂王與殷朝，周武王率軍殲滅了殷。最後紂王身著綴滿寶石的豪華衣裝，登上鹿台的寶物殿，縱身跳入火中，而妲己也遭周武王殺死。

宮廷例行儀式中不可或缺的酒

西漢時代（西元前二〇二年～西元八年），在西方的麥類傳來以前，黃河流域的主要穀物為粟米與黍米，其中的黍米就是釀酒的原料。如今，黍米也是燒酎的原料。其實在古代的中國，黍米釀的酒就深受人們的喜愛。不過，若黍米不能產生糖化，自然也難以變成酒，故必須尋找到促使其發酵的麴。

中國與朝鮮，稱麴為「麯（曲）」，是將酒原料的穀物磨成粉後，加水捏成糰子狀，約一個月即能繁殖出根黴屬菌，也稱「餅麴」。

周朝的釀酒是在黃土大地掘洞，然後放進黍米與水，使其發芽，最後再使用「麴」發酵，以釀造出一種類似酒粕的濁酒。酒，用於祭祀賜予皇帝威權的天神，也是鞏固王室與各地諸侯儀式中必備的物品。統治各地的諸侯必須定期前往宮廷「朝見」皇帝，「朝見」後所舉行的宴會也是重要的國家例行儀式之一。在如此嚴肅的國家儀禮宴會中，原本屬於飲酒作樂的酒，又變成了繁文縟節的飲酒。

周朝依天地運行與四季循環，設置了天官、地官、春官、夏官、秋官、東官六個官府。以「天官」為首，統領其他的官府與官吏。因為宮廷的儀式需要大量的酒，「天官」底下還設有掛名「酒正」的官吏，掌管酒的釀造與管理等。

酒的釀造，由十位宦官與三百三十位女性組成的「酒人」負責。所以，無論是古代的中國或美索不達米亞，公開儀式所需的龐大用酒多是由女性所釀造生產。

秦始皇冀望的金色酒

殷朝祭神儀式中使用的是一種氣味芳香的藥酒，據說是黍米酒混上咖哩用的金黃色鬱金。此酒閃耀著如太陽的金黃色光芒，注入地面可召喚神靈。

於西元前二二一年統治天下的秦始皇，翌年在山東的泰山舉行祭祀天地的「封禪大典」，向諸神秉告自己已取得天下。標高一千五百二十四公尺的泰山，也是五大名岳（五岳）之一的「東岳」，被視為聖山。直到今日，泰山仍是人們崇拜信仰的聖山，因而在山腳至山頂建造出大約七千階的石階。

所謂的「封禪」，是皇帝向天地祈求國泰民安的祭典儀式。司馬遷在《史記》

的序文提到，西元前一一〇年漢武帝舉行「封禪」時，父親司馬談未受邀參加儀式，遺憾之餘留下「身為太史令卻未能親眼見到重大國家祭典，實在令人懊悔」的話語，不久即病死。

秦始皇預備舉行「封禪大典」時，由於殷朝祭祀用的金黃色酒之釀造方法已為人們所淡忘，無可奈何之下，秦始皇只好使用過濾後的山東黍米酒。也就是說，從殷朝來到秦朝，已歷時八百年之久，酒的釀造方式也有了大幅改變。

如同日本的地酒，中國的釀造酒也有多項品種，不過整體說來酒的顏色都是黃色，故稱「黃酒」。若以酒的顏色深淺區別，色濃者為「老酒」，色淺者為「清酒」。

「餅麴」與北方傳統原料的黍米、南方產的稻米所釀製的黃酒，是中國各地文化在漫長歲月下交流的產物，也成為足以代表中國的酒。說黃酒是「中國的啤酒」，其實也不為過。

擁有兩千年歷史的名酒「紹興酒」

堪稱黃酒之冠的即是清朝美食家袁枚讚譽為「酒中名士」的紹興酒。與日本一樣，中國的酒也多以產地命名，紹興酒，就是距離浙江省杭州東南方約七十公里處的運河之鄉紹興所釀造的酒。此外紹興也多名人，例如中國近代文豪魯迅、知名的哲學家兼教育家蔡元培等皆出身此地。

在日本，紹興酒也非常知名，常與中國菜搭配享用，一年約需進口七千公秉。自兩千數百年前的春秋時代（西元前七七〇～前四〇三年）以來，紹興酒也與「臥薪嘗膽」、「范蠡既雪會稽之恥」、「吳越同舟」這一連串的故事脫離不了關係，堪稱「世界名酒中的名酒」。當初敗於吳國的越王勾踐，為莫忘恥辱，在會稽山日日嘗苦膽，最後終於得以再起復國。而會稽山就位在紹興以南。

來到被金（西元一一一五～一二三四年）奪去中國北方、並必須提供大量貢品以求餘命的南宋（西元一一二七～一二七九年）時代，為徵收酒稅以確保財源，官方獎勵造酒，這同時也為供應南宋首都杭州的龐大需求量。由於時局瀰漫著隨時可能遭北方民族攻陷的不安情勢，人們只得以酒消愁，就連名酒紹興酒也掀起前所未有的需求熱潮。

紹興酒，是將糯米放進大甕泡水後蒸煮，然後加入「餅麴」與酒藥（水蓼與粳米）發酵，待過濾後再加熱、殺菌，最後以蓮葉與油紙覆蓋甕口，最外層蓋上盤子作為「瓶蓋」、再塗抹黏土固定，屬於需要長時間等待熟成的酒。遠在古老時代，「黃酒」的釀造法也傳至日本，不過日本以木桶代替甕，改以木樽保存等待熟成。也就是如今我們所見的「清酒（日本酒）」。森林之國的日本，也將中國傳來的金屬製筷子、磚造寺院改為木製，當然釀酒的道具也是如此。所以換言之，日本酒是日本森林文化所衍生的酒。

袁枚說：「紹興酒，不過五年者不可飲。」由此可知，紹興酒是需要長時間熟成的酒。如今的人們偏好飲用三年至五年或五年以上的紹興酒，而且愈老的酒愈有價值。老且上等的酒，是謂「陳年紹興酒」，因而備受珍重。「花雕酒」也是最具代表的老紹興酒，更帶有釀入父母愛心的濃郁風味。

在紹興的習俗中，女孩生出後第三天得泡澡。此時會將親戚等送來的糯米釀酒，再將存酒的甕埋入土裡，待女孩出嫁時掘出，讓新娘帶去夫家。那就是「花雕酒」。酒名的「花雕」，是因為選用的甕都會施以美麗的雕刻與色彩。

4 稻作與森林文化孕育的日本酒

何謂日本酒

以稻米為原料的日本酒，釀製法雖來自中國、朝鮮，卻也結合森林之國——日本的風土衍生出獨有的酒文化。日本列島各地，各有不同卻同樣以稻米為原料的酒。為此，日本酒造組合中央會（Japan Sake and Shochu Makers Association）訂立特定基準，企圖規格統一酒的名稱。平成十五年（西元二〇〇三年），修正了部分「清酒的製法品質標示基準」，將酒的名稱簡略為吟釀酒、大吟釀酒、純米酒、純米吟釀酒、純米大吟釀酒、特別純米酒、本釀造酒、特別本釀造酒八種。不過，為了解日本的酒文化，還是應該回顧一下之前所制定的基準。

一、生一本：在一處釀造場釀造的純米酒。

二、生酒：僅壓榨酒醪（unrefined sake）而未加熱處理的酒。

三、生貯藏酒：壓榨酒醪後未加熱處理即貯藏、待出貨才加熱處理的酒。

四、原酒：壓榨酒醪後不再加水的酒。酒精濃度高。

五、樽酒：貯藏在木製樽桶裡，而後才分裝到小樽桶或酒瓶，帶有木香。

六、純米釀造：僅取米、米麴為原料所釀造的酒。

七、本釀造：除米、米麴、水以外，還添加釀造用酒精，採用一噸原料米約一百二十公升以下的比率。

八、吟釀：屬於純米或本釀造，而且使用了精米比率為六成以下的白米，是風味淡雅的最高級品。

九、手工釀造：遵循蒸米或造麴等古法所釀造的酒。

十、秘藏酒：製造後貯藏五年以上，經過熟成的酒。

此外，「造酒法」中還定義了日本酒，「以米、米麴及水為原料，使其發酵、並經過濾的產物」。西元一九二三年研發的酒米「山田錦」，即是知名的釀造米，以這種大顆粒狀的粳米添加黃麴菌、酵母所釀造的酒就是日本酒。

與中國的「黃酒」相較，其原料是黍米或糯米，使用的是磚塊狀的堅硬餅麴；而「日本酒」則以粳米為原料，使用的是約兩天時間所繁殖的「散麴」。而這種麴也形成了日本酒的特色。

起始於室町時代的加熱殺菌

寫於西元八世紀的《播磨國風土記》，記載了以乾飯加水，藉產生黴菌釀酒。由此可知，當時的人們已使用麴製造濁酒。古代的日本稱釀酒為「かもす（kamosu，發酵）」，據說就是源於「かたむち（katamuchi　意指「麴」）」。

平安時代的《延喜式》，記錄了酒的釀製方法、酒的種類。換言之，平安時代已奠立了釀造日本酒的基礎。與古代中國一樣，日本宮廷儀式所需的酒，也是由官

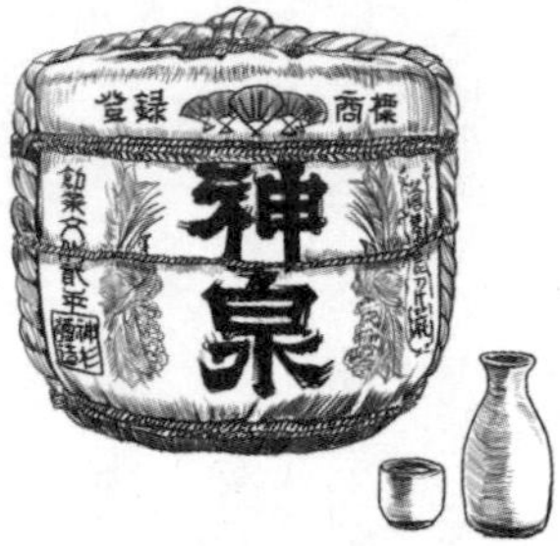

| 清酒 |

以稻米為原料的日本酒，歷經蒸米、製麴、發酵等過程所釀造而成。

廷釀造。

來到鎌倉時代，逐漸形成商品交易的「市」，也有了幕府或寺院認可的「酒屋」，是專門從事酒釀造的業者。隨著酒屋的增加，酒屋的稅甚至變成政府的重要財源。由此不難看出，當時民間已盛行酒的買賣。在日本，釀酒技術主要是始於寺院僧侶的巧思。他們開發以絹過濾的「釀造諸白（清澈的清酒）」、「三段釀造」等新技術。《多聞院日記》一書，收錄了自西元一四七八年（文明十年）以來一百四十年間的釀造紀錄，永祿十一年（西元一五六八年）元旦的記載提到中止發酵的技術「火入」，描述名為英俊的僧侶等人在奈良興福寺中的「多聞院」釀酒，為防止釀造的酒腐敗，故「煮酒」，也就是「火入」。在歐洲，西元十九世紀後期路易・巴斯德發明了低溫殺菌法，使得啤酒、葡萄酒可以大量生產製造。然而在日本，早在室町時代就已研發出加熱殺菌技術了。

江戶時代因酒連結的航線

來到江戶時代，大阪灣沿岸的灘五鄉（神戶）位於伊丹（兵庫）、池田（大阪）、武庫川河口至生田川河口之間，此地以釀造「諸白」而聞名。所謂的灘，是指六甲山山腳綿延約二十四公里的海岸地帶。以「兵庫、西宮的美酒」而聞名的清酒，隨著樽廻船送往人口超過一百萬的最大消費地——江戶。樽廻船也稱為「樽船」，是大阪、西宮的廻船業者所使用的商船，然而運載的商品卻有別於其他船隻，是專門運送「酒」的木造船。由於酒的「生命」受控於運送的時間，為了讓酒的裝卸更有效率，因而衍生出專門運送酒的運輸船。

西元十九世紀，以能容納一千八百塊大磚石的船為主，換言之，一艘船可以裝載兩千八百樽桶以上的四斗樽（約七十二公升）。因此在江戶時代，清酒連結起日本列島東西的「海之大動脈」，也是運載「醺然欲醉」的航線。

1 分三階段添加麴與蒸米，以穩定酵母環境，三階段分別是「初添」、「仲添」、「留添」。

2 貯藏酒的倉庫。

灘的酒屋，為使酒藏內部保持一定的溫度與適合釀造的環境，採用的是窗戶較少的土牆建築，因而酒屋也稱為「藏」。人們還發現在細菌繁殖較弱的冬季所釀造的「寒造酒」品質較佳，遂雇用休耕期的農民造酒，也讓名為「杜氏」的造酒集團得以異軍突起。他們僅在每年十一月至三月間的約一百天從事造酒工作，故又名「百日工」。丹波的杜氏，可說是支撐灘之酒的主力。而後「杜氏」更成為擁有專門造酒技術的集團，還去到日本各地造酒，可說是促成日本酒釀造技術更精益求精的大功臣。

5 印加帝國的玉蜀黍酒——吉查酒

太陽的處女所釀的酒

在新大陸，打從古老的時代就有許多以主食玉蜀黍所釀造的酒，其中最具代表的是印加帝國（西元一二〇〇年左右～西元一五三三年）的聖酒「吉查酒」。

印加帝國的庫斯科（Cusco），既是首都、同時也是太陽神信仰的中心地，人們認為這裡是太陽神印加（國王）居住的聖都，是「宇宙的中心」。位於標高三千四百公尺高地的庫斯科，在蓋楚瓦語（Quechua）是「肚臍」之意，進而衍生為「中心」的意思。

為侍奉印加神，庫斯克匯集從全國選出的年輕女子，也就是太陽貞女（Aclla服侍太陽神的處女）。她們在貞女宮（Acllahuasi）過著團體生活，並從事造酒、紡線、織物等工作。「吉查酒」，就是使用她們咀嚼過吐出的玉蜀黍，藉由唾液發酵產生的酒。

巨大的太陽神殿建於庫斯科的中心。根據造訪庫斯科的西班牙人荷西．迪亞科斯達神父之記載，每年十二月舉行卡帕克祭（Capac Raymi）盛大祭典時，僅有神聖之都既有的居民得以待在市內，其餘的人們必須隔離於市外，太陽貞女做的玉蜀黍糰子會分送給全國神殿等聖地及各地首長。

祭祀時必須時時奉上「吉查酒」，因而酒在儀式中扮演著重要的角色。六月則是印加帝國最大的祭典「太陽祭（Inti Raymi）」，根據西班牙人的記載，祭祀當日印加王與親人們會來到庫斯科的廣場，祭拜旭日東升的朝日，然後高舉杯子裡的吉查酒獻給太陽。接著欲奉獻給太陽的吉查酒，在石造的導管連結下注入太陽神殿，然後在場的每位相互敬酒，而聚集在廣場的人們也一同共享太陽貞女造的酒。

結合西歐文明的吉查酒

印加帝國的人們認為，從帝都庫斯科的太陽神殿的各方向延伸著超乎想像的直線，所以他們沿著這些直線建造神殿，並由庫斯科的神聖家族掌管那些神殿。所以，印加帝國是藉太陽信仰以鞏固權勢的宗教國家。

各地的農地劃分為三：「太陽之田」、「印加之田」、「住民之田」，人們則共同在「太陽之田」與「印加之田」耕作。所以民眾與賴以生存的印加，相互存在著施與受的關係。

在庫斯科以外的地方也設有貞女宮，侍奉太陽神的太陽貞女釀造的吉查酒，也分享給為「太陽之田」與「印加之田」耕作的人們。對民眾來說，得以享用吉查酒即是最大的榮耀。

西元一五三二年西班牙人征服了印加帝國，但人們依舊飲用吉查酒，其依舊是祭祀中重要的一環。也就是說，西班牙人最後還是無法征服印加人的酒文化。

不過，現在的吉查酒已不再依循唾液發酵玉蜀黍的傳統製法，而是將玉蜀黍浸泡於水中，覆蓋草蓆數日促使其發芽，再曝曬乾燥後以石磨磨成粉，放入鍋裡煮熟再入壺數日等候熟成。此釀造法是由西班牙人傳入，自此印加文明的酒釀造，也隨歐洲酒文化的影響而有了變化。

第三章　自伊斯蘭圈傳至東西方的蒸餾酒

1　中國煉金術與古希臘煉金術的結合

在壯大的文明交流下誕生的蒸餾酒

酒分為釀造酒、蒸餾酒與利口酒（Liqueur）三種。「蒸餾酒」是透過加熱、蒸餾，以提高酒的酒精濃度。蒸餾酒中又分為葡萄製成的白蘭地，蘋果製成的卡巴度斯蘋果酒（Calvados），櫻桃製成的櫻桃酒（Kirschwasser），穀物製成的威士忌、琴酒及伏特加，薯類製成的阿誇維特酒（Aquavit）及燒酎，甘蔗製成的蘭姆酒（Rum），龍舌蘭製成的龍舌蘭酒（Tequila）等多種類。蒸餾酒加入香草、香料、果實、砂糖、色素等，就是「利口酒」。利口酒原本是中世紀歐洲煉金術師製造的長生不老酒，後來又變成修道院爭先製造的藥酒，十八世紀以後隨砂糖的普及，又發展出如今所見的各式各樣之品類。不過，蒸餾酒與利口酒的前提都在於「蒸餾」，也都是在伊斯蘭帝國的「蒸餾技術」後才出現的新型酒類。「蒸餾」，堪稱是拓展酒世界的偉大革命。

所謂的「蒸餾」，是利用相對於水的沸點為一百度、酒精的沸點約在七十八度之特性，藉以獲取較高濃度酒精。酒放入蒸餾器加熱時，最初產生的是酒精濃度較高的蒸氣。若能留住這些蒸氣，待冷卻後即是高濃度酒精的飲料。每回只能蒸餾一次的單式蒸餾器（pot still），每次可取得三倍濃度的酒精，透過不斷的蒸餾，甚至可獲取濃度達百分之六十至七十的酒精飲料。

「蒸餾器」，無疑是蒸餾技術的主力，但它的發明其實不是為了造酒，而是企圖讓金屬變質為貴金屬而經過不斷改良的道具。開發、改良「蒸餾器」的是伊斯蘭帝國，其勢力的拓展也造就大規模的東西文明交流。因蒸餾技術的發達，酒也更多樣化。然而此技術源自《可蘭經》嚴禁喝酒的伊斯蘭圈，說來也有些諷刺。

在伊斯蘭圈，「蒸餾器」用於煉金術，是為了人工製造金和銀而開發的道具。當時煉金術家們企圖將鐵、鉛等卑金屬轉化為金、銀等貴金屬，希望藉以大賺一筆，在不斷反覆實驗中終於誕生性能卓越的「蒸餾器」。儘管失敗不斷，仍堅持到成功為止，實則因為在傳統占星術盛行的西亞，人們總把那些實驗失敗歸咎於行星的作弄。

稱為「汗」的蒸餾器

伊斯蘭圈煉金術的發展，始於與中國文明的相遇。中國的「神仙方術」是基於尋求不老不死之藥，但來到伊斯蘭的「煉金術」卻是企圖製造貴金屬，最後甚至開發了「alembic」的蒸餾器。在阿拉伯語，「alembic」是「汗」的意思，因為蒸餾器滴落的蒸氣令人不禁聯想到「汗水」。

在伊斯蘭圈，蒸餾器不用於造酒，而是精製香水，傳至歐亞大陸的東西方、美洲大陸後，則依隨各地的釀造酒又變成各種蒸餾酒。也就是說，歐洲的威士忌、白蘭地及琴酒，從西亞蔓延至東南亞的「亞力酒（Arrack）」，中國的白酒，日本的燒酎，墨西哥的龍舌酒等，皆是「alembic」蒸餾器傳至世界後才得以誕生的酒。這段從未寫進歷史教科書的壯大文明交流，不僅衍生出各種的蒸餾酒，也讓酒館的男人們得以喝個痛快。

著名的中國科學史學家李約瑟（Joseph Terence Montgomery Needham）批判了長久以來視伊斯蘭煉金術源於古埃及的論點，他認為：「興起於中國的不老不死靈藥之概念，首先影響的是阿拉伯人，而後是東羅馬帝國的人們，最後是羅吉爾・培根（Roger Bacon）時代的法蘭克民族和拉丁民族，也因而帶動化學藥品的發明。」藉以說明伊斯蘭圈的煉金術是起源於中國。

1 熟悉阿拉伯科學的英國方濟會修士。

重新解讀「不死之藥」

在中國，西元三世紀葛洪的《抱朴子．內篇》，描述了以鉛、金、水銀調和靈藥的方法。葛洪看重的是具有變化與回歸之特質的「丹砂（辰砂）」（硫化水銀〔HgS〕，加熱會變成水銀，放置後又變回丹砂），以及擁有不變特質的「金」，調和後即是不死之藥「丹」，同時「丹」還能讓鉛或銀等變為金。

西元五世紀，中國的道教成立，煉金術或煉丹術更被視為不老不死的唯一途徑，因而大為盛行。道士們祭祀道教最崇高的神明，並以金、銀或瓷器製作出各種不同形狀的爐，企圖煉出長生不老藥「丹」。魏晉南北朝至唐朝（西元二二〇～九〇七年），是煉丹術最盛行的時期，唐朝多位皇帝甚至因喝下摻有水銀的「丹」而喪命。之後的宋朝，人們開始對「丹」起了懷疑，煉丹術遂逐漸沒落。

唐朝時，進出中國的伊斯蘭商人得知煉丹術，深信天國的他們在意的卻不是不死之藥的部分，而是偏重於讓金屬產生變化的煉金術。他們認為，只要運用得當即可以製造出貴金屬。換言之，在阿拔斯王朝（西元七五〇～一二五八年）建立起歐亞大陸大規模交易往來的西元八世紀，中國的煉丹術以另一種形式移植到了伊斯蘭圈。

阿拔斯王朝時，波斯灣的西拉甫（伊朗古港）至廣州（唐朝時）的海上交易往來密切，許多伊斯蘭商人因而長期滯留在廣州等地。尤其是廣州，還設立了名為「蕃坊」的外國商人居留地。根據伊斯蘭方面的記載，唐末黃巢之亂時，該區也受到侵害，有超過十二萬的外國商人遭到殺害。而長期居留在中國的伊斯蘭商人學習道士的煉丹術後，再將此技術傳回伊斯蘭圈。至於發展出兩種不同的型態，只是因為各自依其需求運用煉丹術罷了。

另外，伊斯蘭圈的經濟版圖擴大為歐亞大陸規模後，金銀不足問題也日益嚴重。由於經濟規模的擴大速度遠超過金銀的供給，為此「支票」開始盛行，在帝都巴格達開出的支票，甚至可以在摩洛哥兌換現金。也因此，為解決持續通貨膨脹的伊斯蘭圈經濟問題，煉金術也不斷精益求精。煉金術（alchemy，源於阿拉伯語的al-kimia）、酒精（alcohol，源於阿拉伯語的al-koh'l）、蒸餾器（alembic，源於阿拉伯語的al-anbiq）、鍊金藥（elixir，源於阿拉伯語的al-iksir），從這些詞彙皆源自阿拉伯語，彷彿也說明了伊斯蘭圈的煉金術發展史。

金屬的變質需要蒸餾器

伊斯蘭圈最偉大的煉金術師，是歐洲人稱為「賈比爾」的阿布·穆薩·賈比爾·伊本·哈揚（Abu Musa Jabir ibn Hayyan）。他活躍於阿拔斯王朝初期，但一生成謎。賈比爾涉獵亞里斯多德的磁石、金屬理論或中國的煉金術等，再融合為他個人獨特的煉金術理論。他認為所有的金屬都是男性原理的「硫磺」與女性原理的「水銀」結合後形成的「物質轉化」，透過兩者的組合變化，自然可使卑金屬轉換為貴金屬。

對偏重於金屬染色的埃及煉金術來說，「硫磺」是一種可以黃金化金屬的物質，「水銀」則是得以蛻變為固體、氣體、液體的特殊物質，由於「水銀」可以熔化金或銀而變成汞合金，因而備受矚目。然而，賈比爾追尋的煉金術在於調和（也意指天秤的秤）世界的一切，「可以帶來調和的物質」稱為「al- iksir」，除去阿拉伯語的定冠詞「al」則衍生出「elixir（「哲人之石」，將卑金屬變成貴金屬的煉金石）」的詞彙。

延續賈比爾脈絡前進的煉金術師們，更大膽採用金、水銀、硫磺、鹽、砒霜、酸等，對於試藥或實驗方法也擁有更廣泛的知識。歷經反覆的實驗，伊斯蘭的煉金術終於來到讓固體變成液體、再轉為氣體的「蒸餾」，也就是貴金屬生成的關鍵點上。隨著實驗的累積，「蒸餾器（alembic）」也不斷改良。只是當初進行發明改良的煉金術師們，萬萬沒想到這項道具竟被後代世人拿來製造蒸餾酒。

隨商人們的事業拓展，「蒸餾器」也從伊斯蘭圈傳遞至歐亞大陸的東西兩方。於是各地相繼出現嶄新的酒——蒸餾酒，例如東方的亞力酒和燒酎、西方的威士忌和白蘭地、俄國的伏特加。即使在日本，由於琉球與東南亞各地的交易熱絡，泰國大城王國（Ayutthaya）時期的蒸餾酒「泡盛」也傳入琉球，之後葡萄牙人又連同名為「alembic」的蒸餾器與西洋醫學帶進日本。不過以訛傳訛之下，「alembic」卻以「蘭引（lannbiki）」之誤名傳遍日本全國。

2　就連《可蘭經》也難以遏止的飲酒

如同在天堂的飲酒

現今約佔世界人口五分之一、近十三億的伊斯蘭教徒所信奉的《可蘭經》，規定信徒不得飲酒。

根據傳承，教祖穆罕默德在出席朋友婚禮的翌日，親眼目睹因飲酒而發生的爭執與流血悲劇，因而詛咒酒，並規定信徒不得飲酒。想必是默罕穆德原本就不喜歡酒這種東西吧。伊斯蘭教徒世俗生活基準的《可蘭經》，將飲酒與賭博、崇拜偶像等並列為撒旦行為。也因此，伊斯蘭教的規範使得傳承自美索不達米亞、古埃及及文明的西亞、中亞的飲酒文化，隨之衰退。

西亞、中亞固有的葡萄酒釀造，在部分地區也出現衰退的情況，改為栽培果食——葡萄乾用的葡萄。也是因為宗教因素，伊斯蘭圈的蒸餾技術主要運用在玫瑰水等的香油、香料之精製上。不過縱使《可蘭經》禁止飲酒，要揮別自古以來即與人們如影隨形的「酒」卻不是件容易的事。於是基於種種藉口，酒依然未能從伊斯蘭圈消滅。畢竟，「檯面上」與「私底下」是兩回事。《可蘭經》雖說道去了天國即有美酒，但重點是「現在」就想喝啊。

伊斯蘭帝國的中樞伊拉克，人們取自美索不達米亞文明即存在的椰棗為原料，透過簡單的蒸餾器製造「亞力酒」，直至今日仍是當地人常飲的酒。另外，黎巴嫩（過去的腓尼基）也以葡萄為原料製造蒸餾酒「亞力酒」。換言之，在中東部份地區，蒸餾器仍用於蒸餾酒的製造。

酒的出現在亞當之前？

初期的阿拔斯王朝，人們依舊公然飲葡萄酒或椰子酒。當時名為阿布·努瓦斯的「酒詩人」，更以詩讚頌飲酒之樂。他的詩贏得伊斯蘭圈的讚譽，許多人們都傳讀他的作品。他的名字甚至出現在《一千零一夜》，足見是多麼有名的人物。阿布·努瓦斯的詩中寫道：

縱使傾家蕩產、名聲敗劣，我仍好杯中之物。
黃色的酒，就連自詡波斯人之首者也要退避三舍。
它在亞當的出現之前，甚至遠比亞當更古老。
酒的什麼迷醉了你，恐怕只有睿智的本能才能感知得到。
凝視酒，它不帶絲毫混濁，清澈見底。

（塙治夫翻譯　岩波文庫出版的《阿拉伯飲酒詩選》）

阿布·努瓦斯的詩雖歌頌飲酒，認為在人類的始祖亞當出現以前，酒就已存在，但似乎又能嗅出背棄道德後的苦悶與自我放逐。想必是追根究柢，仍無法擺脫伊斯蘭教的嚴格戒律吧，或那是處在社會既定準則與生存本能歡愉之夾縫中，必然衍生的苦惱。許多阿拉伯人之所以愛讀他的詩，也許正因為觸動心底深處的共鳴吧！

不能不喝酒的土耳其人

趁阿拔斯王朝因遜尼派與什葉派的抗爭陷入混亂之際，中亞游牧民族土耳其人利用傭兵奪取了伊斯蘭帝國。自西元十五世紀至十六世紀，他們承繼了伊斯蘭帝國與古羅馬帝國的榮光，成為跨越三大陸的巨大王國鄂圖曼帝國。

延續鄂圖曼帝國榮耀的土耳其共和國，人口的九成以上是伊斯蘭教徒，但卻得以公然飲用濃烈的「拉克酒（rakı）」[1]。因為土耳其人認為《可蘭經》的禁酒是禁止「毫無節度的飲酒」，並非適度的飲酒。於是形成土耳其社會獨特的飲酒規範，讓飲酒與柔性的伊斯蘭信仰得以兼容並蓄。

「拉克酒」是一種氣味特殊、喝不慣即難以下嚥的「蒸餾酒」。有人甚至認為「若敢喝拉克酒，就沒有什麼不敢喝了。」不過，一旦喝慣後就覺得好喝。而「rakı」，就是阿拉伯語蒸餾酒「araq（Arrack）」的簡寫。

1 茴香酒。

「拉克酒」，是以剁碎的葡萄莖加上茴香（Fennel）後發酵，再經由蒸餾數次以提高酒精濃度。據說其酒精度數至少有四十五度，有些甚至高達七十度。一般來說，拉克酒是無色透明，但加水後酒裡所含的茴香會起膠狀變化，因而呈白濁色。

原本居住在中亞草原喝慣馬乳酒的土耳其人，見到同樣乳白色的酒當然有說不出的懷念，故封拉克酒為「獅子的乳」。而在鄂圖曼帝國統治下的希臘，也有著類似同樣的酒，名為「茴香酒（Ouzo）」。

3　伊斯蘭商圈促使俄國誕生了伏特加

極盡可能地趨近於水

俄國是冬季嚴寒且漫長的國家，同時也是擁有諸多大河的森林之國。如此這般的俄國，因而誕生了酒精濃度百分之四十至五十的蒸餾酒「伏特加（Vodka）」。

伏特加，是源自俄語「水」的暱稱，帶有「水、液體」的意思。伏特加是非常濃烈的酒，但對俄國人來說，卻是近似「水」的酒。製造伏特加時，在原料的選擇上並無繁瑣的限制規定，凡是得以取得優質酒精成分者皆可。因此，小麥、大麥、馬鈴薯等各種食材都可以作為原料。也許有人會心想：「怎麼那麼隨便！」其實之後需要經過徹底蒸餾，所以舉凡含有澱粉質者皆可以是原料。日本燒酎也一樣，薯類、麥類、稻米、玉蜀黍等都是造酒的原料。

伏特加在經過精密的蒸餾器蒸餾後，緩緩倒入塞滿白樺活性碳的過濾筒，來回反覆數次以徹底清除不純物質，極盡可能製造出近似「水」的酒。剔除不純物，讓最後的不純物僅剩不到百分之零點二，隨著去除不純物的過程，酒的氣味或風味也會被去除，但也無妨。

自西元一八一〇年聖彼得堡的藥劑師安德烈．斯米爾諾夫研發出活性碳過濾法後，伏特加更能過濾成為無臭無味無色透明的酒。在貯藏上，也不選用帶有氣味的木樽，而是使用不銹鋼、琺瑯的桶子盛裝，徹頭徹尾不沾染上多餘的氣味。西元十九世紀，伏特加成為貴族們最愛飲的酒精飲料。不過常飲的結果反而弄壞了身體，因此俄羅斯帝國的末代皇帝尼古拉二世，以恐危害健康之理由限制伏特加的酒精度數在四十度以內。

伏特加的製造概念與威士忌或白蘭地等截然不同，一般的蒸餾酒是在熟成的過程添入其他香氣，以期製造出帶有獨特風味的酒精飲料。然而，伏特加的製造卻僅為徹底去除多餘物質，留下最為純淨的部分。最後，誕生的液體就像「森林女王」的白樺樹樹液般，絲毫不帶任何氣味。至於伏特加的飲用方式，多半是摻入礦泉水或番茄汁。

深受歐亞大陸大草原文明影響的俄國

伏特加製造的歷史相當悠久，莫斯科公國（西元一二七一～一五四七年）時代即出現農民飲用伏特加的記載。不過也有人認為，早在西元十一世紀波蘭人已製造伏特加。不論何種說法，總而言之在蒙古人統治下的西元十三世紀，伏特加已是俄國普遍的酒精飲料。所以，蒸餾酒伏特加的歷史相當悠久。

俄國經由裏海、伏爾加河供應巴格達大量的毛皮，自然也受到伊斯蘭文明的影響，其中也包含了源自伊斯蘭圈的蒸餾器。相較於歐洲，蒸餾器是輾轉透過西班牙傳入，俄國則是經由伏爾加河直接從伊斯蘭圈傳入。西元十三至十五世紀，俄國來到蒙古統治的「蒙古的枷鎖」時代。薩來是流過俄國中央的伏爾加河之下游都市，欽察汗國以此地為首都占領了俄國。也就是說，中亞游牧民族蒙古人、土耳其人是以由南往北的方式占領統治俄國。當時，許多伊斯蘭商人也隨蒙古人去俄國，理所當然地也帶入伊斯蘭文明之一的蒸餾器。

如同歐洲諸國稱蒸餾酒為「生命之水」，起初的俄國也是，而後為表現出

「水」的平凡之意，故改名為俄語的「voda（水）」，西元十六世紀伊凡四世的時代，則以「voda（水）」的暱稱「Vodka」稱之。至於稱為「Vodka」的理由，可能是因為蒸餾酒的普及化，也可能是為避免名稱中帶有酒之涵義，不過真相究竟如何已不可考。

俄國革命與伏特加的世界化

總之，在酷寒的俄國，生活不可缺少的就是猶如烈火的伏特加酒。西元十九世紀，俄羅斯帝國的財源中近三成是來自伏特加的酒稅，換言之，人們喝下了大量的伏特加。

有趣的是，西元一九一七年的俄國革命卻促使伏特加變成了世界名酒。由於革命政府暫時禁止伏特加的製造與販售，厭惡革命而流亡巴黎的白俄羅斯人斯米爾諾夫（Vladimir Smirnov）開始在歐洲製造伏特加，並宣傳推廣伏特加。世界經濟大蕭條後，美國廢止了禁酒令，西元一九三三年流亡於美國的俄羅斯人昆尼特

（Kunnett）看中美國的巨大酒市場，遂買下斯米爾諾夫（Vladimir Smirnov）在美國與加拿大的製造權與獨家販售權，趁此機會大量生產。由於伏特加可當作雞尾酒的基酒，因而大受歡迎，美國從此成為世界首屈一指的伏特加消費國。

4　因恐懼黑死病而誕生的白蘭地與威士忌

由絕望與恐懼衍生的「靈魂」

經由地中海，蒸餾器傳入了歐洲，也拓展嶄新的酒文化。所謂的「蒸餾」，是透過加熱含有酒精的液體以蒸發、氧化酒精等的揮發性成分，然後再以冷卻器冷卻，即能變成液體並回收。依此步驟所製造的酒精飲料就是蒸餾酒。

來自伊斯蘭圈的「蒸餾器」傳至埃及、北非，再經由伊斯蘭教徒統治下的伊比利亞半島傳到歐洲。西班牙語的「alambiqué」、法語的「alambic」、英語的「alembic」都是源於阿拉伯語的「al-anbiq」，也為蒸餾器從伊斯蘭圈傳至歐洲各地的歷史脈絡留下證據。

蒸餾器促使歐洲發展出嶄新的蒸餾酒，全是因為西元十四世紀後期引發大恐慌令人足以致死的傳染病黑死病。經由中亞傳至歐洲的黑死病，讓歐洲人深感恐懼因而尋求「生命之水」。所謂的黑死病，其實是雲南一帶的地域性傳染病，是透過寄生於老鼠身上的跳蚤所散布傳染，隨著蒙古帝國版圖的擴展逐漸傳至歐洲。自西元一三四七年起的七十年期間黑死病橫行，歐洲總人口的近三分之一、也就是兩千五百萬人至三千萬人為之喪命。埃及或北非也是同樣的情況。黑死病的駭人情況，令當時的人們驚恐地以為世界末日到來。為此，人們紛紛流傳毫無根據的療法，認為喝了「不死靈酒」的「生命之水」就能杜絕黑死病。在那般絕望的氛圍中，只要是能試的人們無不想盡辦法得手，於是「生命之水」大為流行。

西元十四世紀中期，百年戰爭（西元一三三九～一四五三年）之際正值黑死病肆虐，法國以蒸餾器蒸餾出嶄新的酒，那就是白蘭地，不過當時稱之為「Eau de

Vie（生命之水的意思）」。蒸餾酒的酒精成分高，碰到火即會燃燒，因而被認為酒中帶有「火之精靈」，可以賦予身體活力與精力。也因為如此，蒸餾酒也稱為「Spirits（靈魂）」。

守護生命的「魔法之水」的製造法，隨著當時異常的社會狀況逐漸傳播至歐洲各地。像是威士忌的語源是蓋爾語的「生命之水（usquebaugh）」，而後才變成「Whisky」。北歐的蒸餾酒「Aquavit」，也是源自拉丁語的「aqua vitae，生命之水」。由於威猛的黑死病，也為蒸餾酒拓展出嶄新的飲酒文化。

那般的社會現況下，修道院也開始熱衷於各種添加藥草的「生命之水」的製造，以求在傳染病中保命。這就是利口酒的由來。法國的大沙特勒斯山修道院（La Grande Chartreuse）採用的是以白葡萄酒蒸餾後的白蘭地，再添加上一百三十種藥草所製成的「Chartreuse，蕁麻酒」，有「利口酒的女王」之稱號，而且直至今日仍秉持由三位修道士守護藥草秘方的傳統，持續製造生產，再委託民間販售。據說此利口酒，是因西元十八世紀某貴族信徒將不老不死藥方贈予修道院的神父，修道士們再基於此配方製造完成。

誕生於愛爾蘭的威士忌

擁有「綠寶石之島」之稱的愛爾蘭，在黑死病大流行以前的西元十四世紀已有了蒸餾器，並開啟「aqua vitae，生命之水」的釀造。西元一一七二年英格蘭的亨利二世（西元一一五四～一一八九年在位）率領大軍進攻愛爾蘭時，愛爾蘭人已喝著蒸餾過的大麥釀造啤酒。愛爾蘭人認為威士忌的由來，是西元五世紀致力佈道的愛爾蘭守護聖人聖派翠克，積極推廣蒸餾法，因而製造了「usquebaugh」。就時間的推演看來，聖派翠克與蒸餾法的連結是有些牽強，不過，擁有煉金術知識的修道士著手於威士忌的釀造卻是合理的推論。「usquebaugh」是蓋爾語，源自拉丁語的「aqua vitae，生命之水」。

「usquebaugh」的特色，不似蘇格蘭威士忌是以泥煤炭乾燥麥芽，而是僅採用石炭。因為愛爾蘭擁有豐富的石炭。基於此，愛爾蘭威士忌不帶有菸臭味，風味清爽。愛爾蘭威士忌還有個特色，因是採用改良單式蒸餾器，再經過三次反覆的蒸餾，風味更加輕淡且溫醇。蘇格蘭威士忌，則是採兩次蒸餾。現今的愛爾蘭威士忌與蘇格蘭威士忌都有了極大的變革，兩者皆使用波本（Bourbon）、蘭姆（Rum）、雪利（Sherry）等酒樽或白橡木樽桶存放，並經過三年以上的熟成。

憧憬荷蘭與英國文化、積極建設聖彼得堡以促進俄國西歐化的彼得大帝（西元一六八二～一七二五年在位），曾說過「最棒的威士忌就在愛爾蘭」。

愛爾蘭的「usquebaugh」，不久傳至蘇格蘭，蘇格蘭稱為「uisgebaugh」，之後再簡化為「uaqua」、「uskey」，最後再變成我們現在稱呼的「Whisky」。威士忌的英語分為以「ky」結尾、以及以「key」結尾，美國的法律為區別兩者，規定蘇格蘭威士忌寫為「Whisky」、愛爾蘭威士忌寫為「Whiskey」。美國擁有眾多愛爾蘭移民，因而也是愛爾蘭威士忌的最大消費國。

因私釀酒而衍生的蘇格蘭威士忌

面積同等於北海道的蘇格蘭，其威士忌的製造法是源自鄰島的愛爾蘭。傳播的時期未明，有一說認為是起始於西元十一世紀後期、英格蘭亨利二世遠征愛爾蘭之際。

蘇格蘭的清澈水質，加上使用泥煤炭（草炭、乾燥泥炭）乾燥麥芽，因而得以釀造出帶有濃郁且芳香的威士忌。西元一四九四年的蘇格蘭公文記載：「八箱（約一千兩百公斤）的麥芽（發芽的穀物）發予修道士約翰．柯爾，以釀造生命之水。」

西元一七〇七年，蘇格蘭遭英格蘭合併，當時英格蘭徵收的高額麥芽稅，也轉而面向蘇格蘭。因此，蘇格蘭所課的酒稅一舉調漲到十五倍之多。為了逃稅，蘇格蘭的釀造業者開始著手私釀酒。他們混入深山裡，以日曬乾燥麥芽，或為掩人耳目在山中燃燒草炭以乾燥麥芽，並使用名為「pot still」的金屬罐子。那種罐子的前端扭絞成天鵝脖子般的細長狀，是造型蜿蜒獨特的小型蒸餾器，專門用來秘密釀造威士忌。又為逃避稅務官員的追查，這些私釀生產的威士忌被放在雪利酒之類的空酒樽裡。沒想到卻因而變成帶有琥珀色的熟成威士忌，而且還多了雪利酒與木樽的芳香，風味更好。原本為逃避查稅的種種行徑，最後卻無心插柳，釀造出獨特風味。偶然巧合，有時真是造就美好的神來一筆啊！直至今日，私釀酒仍稱為

「moonshine（月光）」或「mountain dew（山之露）」，不難理解蘇格蘭威士忌誕生當時的情況。

轉為合法化且大量生產

在蘇格蘭北部高地蒸餾的麥芽威士忌，僅使用大麥的麥芽作為原料，發酵後以單式蒸餾器蒸餾兩次，再放入白橡木樽桶裡慢慢熟成。由於每個蒸餾酒場所採用的泥煤炭燃燒方式、蒸餾器形狀、蒸餾狀態、熟成方式各有不同，因而也釀造出各種不同風味的威士忌。

這些各地製造的威士忌，隨著各地具特色的水、以及混入泥煤炭的燒焦臭味（smoky flavour），因而帶有獨特風味。所謂的泥煤炭，原本是一種生長在蘇格蘭的灌木，在堆積下逐漸炭化形成泥炭。

現在，仍使用「pot still」小蒸餾器釀造威士忌的蘇格蘭釀造酒場，主要集中在北部、得以從花崗岩與珪岩地層湧出清冽水質的詩貝河（River Spey）流域，同時還包含艾拉島（Isle of Islay）、穹蒼島（Isle of Sky）等在內的共約一百多處，不過確實運作中的約是八十多處。這些各具特色的威士忌，為不與其他釀造場的威士忌混淆，僅在各自的蒸餾酒場內混合後再商品化，也就是所謂的「單一麥芽威士忌（Single Malt Whisky）」。舉例來說，艾拉島的威士忌「Laphroaig」，因是以泥煤炭與海草蒸燻麥芽，並利用海風乾燥，故帶有特殊的碘臭味。

令人意外的是，過去的英格蘭雖飲用啤酒、葡萄酒、干邑白蘭地，卻幾乎不喝蘇格蘭威士忌。由於交通不便，居住在英格蘭的人們甚至不曾聽聞或喝過北蘇格蘭小型的地方釀酒場私釀的威士忌。直到西元十七世紀，歐洲的經濟逐漸活絡化，威士忌的買賣也顯熱絡，麥芽威士忌的生產地、也就是蘇格來北部高地的詩貝河流域與南部的交易往來密切，蘇格蘭威士忌才逐漸商品化。工業革命後，威士忌的需求量增加。為此，西元一八二四年移居至格蘭威利（Glenlivet）的農民喬治．史密斯將從前的私釀酒場重新擴增改建，並取得政府執照，開始了合法的威士忌生產製造。由此，威士忌也從過去的私釀時代邁向大量製造的時代。

5 「液體寶石」——利口酒

梅第奇家族帶動的利口酒潮流

蒸餾酒添加上香料、香草、果實、藥草、甜味等，又變成風味各自獨特的利口酒（liqueur）。利口酒既是藥酒，也是一種強身補給劑。

古希臘的醫學學者希波克拉底（西元前四六〇～前三七五年左右），也曾嘗試將藥草溶於葡萄酒。中世紀歐洲，出身於西班牙的煉金術師阿爾諾（Arnaud de Villeneuve）也做過種種的實驗嘗試。由於藥用酒含有有益健康的成分，因而有人認為利口酒的「Liqueur」，是源於拉丁語的「liquefacere」，帶有溶入之意。不過，也有人認為是源自拉丁語的液體「liquor」。

十字軍東征之際，蒸餾器被帶入歐洲，修道院的修士們開始就近採集野草等的藥草，以加入酒精企圖製造不老長壽的秘藥。說穿了，利口酒其實是與煉金術密不可分的酒。

利口酒得以進入法國宮廷，得歸功於西元一五三三年嫁給法國王子亨利（也就是之後的法國國王亨利二世）的凱瑟琳．德．梅第奇，她是梅第奇家的女兒。那時正值梅第奇家族的全盛期，就連教皇克萊孟七世也出身自梅第奇家族。

凱瑟琳得以嫁入皇室，完全是典型的財富與權力聯手的政治婚姻。梅第奇家族雖無實質的階級地位，但他們擁有的龐大財富與奢華時尚生活就足以代表其身分地位了。嫁入皇室時，凱薩琳帶了多名僕人進入宮廷，從此也為宮廷注入嶄新的文化結構。她長久以來的生活習慣也徹底改變法國的禮節，例如她喜歡在享用魚時搭配白葡萄酒，享用肉時搭配紅葡萄酒，餐後再佐以利口酒。那樣的習慣，也帶動衍生過去未有的餐桌禮儀。

利口酒時而是藥用酒，時而也是媚藥，甚至還可以是上流階級標榜時尚的飲料。凱薩琳的隨從中有製造利口酒的專業師傅，他們以葡萄酒的蒸餾酒為基底，添入大茴香，來自亞洲的肉桂、麝香，以烏賊為餌誘促使抹香鯨吐出的分泌物龍涎香，釀造出堪稱壯精酒、催淫酒的「Populo」。其中的肉桂、麝香、龍涎香都是當時歐洲難以取得的高價亞洲香料，果然是揮金如土的梅第奇家族才能製造出的酒精飲料啊！梅第奇家族雖屬平民，但為誇耀自己的身分地位，這般的奢華是絕對必要。

變成藥劑師的商人

在過去，「藥」形同魔術。凡是帶有魔力的，都被視為「藥」。古羅馬帝國的護符也被當作藥，歐洲中世紀時聖人的遺物也被認為具有藥效，即使是伊斯蘭圈，也認為寶石帶有藥效。效仿梅第奇家族的「Populo」，法國最初製造出的利口酒則是「L'eau clairette」。

中世紀的歐洲，「調和藥」的人稱為「apothicaire」，源自希臘語的「apotheke（帶有「預備品」、「葡萄酒酒窖」、「食品店」之意）」。「apothicaire」，原本指的是販售得以維持健康、治療疾病用品的商人。這些商人同時也販售胡椒或香料等，他們擁有豐富的商品知識。最初醫生為調和藥劑，必須委託稱為

「pigmentarius」的人，他們可以取得來自遠方各地的藥劑，不過漸漸這份差事轉為落在稱為「apothicaire」的商人身上。最後，原本販售香辛料的生藥材商人也變成懂得「調和藥劑」的專家，搖身一變成為「藥劑師」。

從梅第奇家族家徽的胡椒粒藥丸可知，他們曾是藥材批發商，當然懂得如何調和藥劑。因此，利口酒「Populo」的調製對他們來說並不困難。由於藥劑師通常也兼任醫師，想必凱薩琳．德．梅第奇的隨從中還有位藥劑師吧！

利口酒是得以維持健康、刺激慾望的酒，也逐漸在法國宮廷傳了開來。據說年過六十的路易十四世為恢復體力，非常愛喝醫師們為他調和的「Rosolis」利口酒，那是白蘭地添加麝香、玫瑰、柑橘、百合、茉莉、肉桂、丁香所調和的奢華酒精飲料。由於國王喜歡，宮廷也開始流行「Rosolis」。當時宮廷裡的貴婦們在社交場合競相穿戴華麗的寶石或閃耀的衣飾，並依自己的打扮挑選搭配的利口酒，為此製造利口酒的師傅無不費盡心思裝飾利口酒。從此，利口酒也與法國宮廷的潮流一同影響歐洲各地的社交圈。法國的利口酒文化，是在路易十四的時代立下基礎。直至現在，法國仍是世界首屈一指的利口酒大國。

6 蒸餾器東傳後才有的亞力酒與燒酎

印度、東南亞的亞力酒

從伊斯蘭圈來到東方的印度、東南亞、東亞，則是沿著「海之路」傳播蒸餾器與蒸餾技術。至於如何從西亞的「亞力酒」發展到日本的燒酎，則又是另一段漫長的歷史旅程。

西亞的蒸餾器首先傳入印度，也開啟蒸餾酒的釀造。現在的印度，仍存在著以米、糖漿、椰子酒發酵後、再使用單式蒸餾器反覆蒸餾二至三次的「亞力酒（Arrak）」，這是一種酒精度數四十五至六十度的烈酒，帶有酸味，加水後呈白濁色。

亞力酒，是融和了外來的蒸餾器之蒸餾技術，再加上傳統的米、糖漿、椰子酒之釀造技術，也是伊斯蘭圈與印度交流融合後的結果。埃及的酒、土耳其的酒、利比亞的酒也都屬於亞力酒。換言之，亞力酒與伊斯蘭商人經營的大商圈如影隨形。之後，印度的亞力酒也隨著印度商人傳到錫蘭、東南亞的蘇門答臘、爪哇、泰國等地。

沿中南半島昭披耶河流域形成的大城王朝，聚集了來自伊斯蘭、印度、東南亞、歐洲等各地的商人，這個泰國人組成的王朝積極吸取異國文化，因而孕育出獨特的文明。他們使用蒸餾器造酒的技術純熟，已能使用稻米製造優質的蒸餾酒。在日本江戶時代，荷蘭人將那些優質的亞力酒傳入日本，日本人稱之為「阿剌吉酒」、「阿剌木酒」、「阿剌吉」、「荒木酒」等。

乘海風飄流至琉球的泡盛

關於蒸餾酒流傳至日本的途徑，有好幾種說法，又以西元十五世紀末期從泰國的大城王朝傳至琉球（沖繩）的說法最具說服力。直至今日，沖繩的燒酎「泡盛」仍以泰國米為主要原料，並添加黑麴菌所製成的酒糟，再經過蒸餾才完成。由此釀造過程，足以說明琉球王朝與東南亞諸地的交易往來，即是日本蒸餾技術的源頭。

蒙古帝國連結了歐亞大陸的海陸交易網絡，締造出前所未有的經濟交流。即使是海上，也可見到中國商人的蹤影，他們往來於印度、波斯灣所在的廣大海域。不過隨著蒙古人勢力的消退，後起的明朝卻重新整編漢族帝國的秩序，不再積極征服海的世界。明朝基於「勘合貿易」的政治理由，控制了海外貿易，甚至不惜發出海禁令，禁止民間商人的海外貿易。為此，也斷絕了過去長久以來大量流入中國的印度、東南亞的香辛料、香木等。

於是，明朝的第三任皇帝永樂帝令伊斯蘭教徒、宦官鄭和，率領兩萬七千人組成的大艦隊遠征印度、西亞進行大規模的官營貿易。不過耗資龐大，終於在遠征七次後宣告中止。之後，明朝又轉而利用琉球與南亞進行貿易。明朝免費提供琉球貿易船，並讓許多福建人移居琉球，以便在無「勘合符」的限制下得以自由進出港口。西元十五世紀中期至十六世紀初期，琉球成為連結起東亞、明朝、日本、朝鮮的東亞貿易中心。當時東南亞的交易中心麻六甲、以及泰國的大城王朝也積極推展海外貿易，傳至泰國的蒸餾器與蒸餾酒的製造法也隨海上交流貿易傳至琉球，也就是「泡盛」。根據葡萄牙人的文獻，當時琉球稱之為「rekeo」。至於「泡盛」名稱的源起，有人認為是釀造時會湧起氣泡的緣故，但也有人認為是倒入杯中時氣泡不斷湧起，總之眾說紛紜。不過可以確定的是，當時琉球人時興將杯裡的泡盛連續移倒入其他杯中，能連續移換十個杯子以上卻還帶有氣泡者，則屬於好酒。

傳入琉球的蒸餾器也與甘薯一同流傳到薩摩（鹿兒島）。西元一五四三年鐵炮槍械傳至日本，三年後走訪薩摩的葡萄牙人喬治．阿瓦力茲記述了薩摩的米釀造燒酎。另外在鹿兒島大口市郡山八幡的主殿，發現了西元一五五九年（永祿二年）木匠的塗鴉，上面寫著「住持太小氣不曾給過一次燒酎」。由此可看出，燒酎在當時應該是庶民也能喝得起的酒精飲料。

不過，琉球的燒酎仍舊無法脫離泰國米，自始至終堅守傳統製法。甚至今日，以泰國米釀造的泡盛，仍被視為佳品。不過難以取得如此特殊原料的薩摩，則憑藉當地火山灰地質所盛產的甘藷，蒸煮釀造蒸餾出薯燒酎。西元一七八三年造訪薩摩的橘南谿在《西遊記》（西元一七九五年）寫道：「薩摩以琉球芋造酒，味甚美，稱之為長薯燒酎。」由此可知，西元十八世紀末已有薩摩燒酎。而後，日本的燒酎更進入麥、蕎麥、黑砂糖等多樣化原料的時代。

江戶時代，燒酎更普及日本全國各地。也稱為「阿剌吉」、「荒木酒」的燒酎，與西亞、印度、東南亞的「亞力酒」一樣，也訴說了伊斯蘭圈的蒸餾技術隨海洋飄流來到琉球、再傳至日本的歷史。終於，世界史的大波瀾隨著「海之路」直抵日本列島。

在日本，蒸餾器也稱為「羅牟比岐（ramubiki）」或「蘭引（lannbiki）」，不用多說當然是源自阿拉伯語的「al-anbiq」。如今人們喝的日本燒酎，其實還混合著汪洋印度洋、南海的海風呢！

古老的燒酎與嶄新的燒酎

源起薩摩燒酎的日本燒酎，目前分為本格燒酎（乙類燒酎）與甲類燒酎。前者使用的是簡單的單式蒸餾器，以求留下原料發酵液的香氣與特色，若以威士忌來比喻，就像單一麥芽威士忌般帶有獨特風味。

後者使用的是工業革命英國所開發的連續式蒸餾器，此蒸餾器是在中日戰爭後的西元一八九五年（明治二十八年）左右傳入日本。並於明治四十年代，開始大量製造酒精純度高的燒酎。甲類燒酎（無色透明的蒸餾酒），釀造的效率高，但同時也易喪失發酵液的特性，變成平凡且無特色的酒精飲料。若以威士忌比擬，好比是穀物威士忌（Grain Whiskey）。相較於過去的「舊式燒酎」，屬於嶄新的蒸餾技術，故也稱為「新式燒酎」，直到現在才區分改稱為乙類、甲類。

日本的本格燒酎與世界各地的蒸餾酒的不同之處在於，保留了米、麥、薯、黑糖、蕎麥等原料的特性。儘管使用的都是蒸餾技術，卻會依隨原料、製造地等發展出獨特釀造手法，製造出別具個性的蒸餾酒。

連續式蒸餾器所製造的嶄新燒酎，固然失去複雜風味而顯得平凡無奇，然而這種單純卻也是它的優勢。

7 稱霸歐亞大陸的蒙古帝國與阿剌吉酒

傳至中國的蒸餾技術

中國的酒，大致區分為高粱發酵的「黃酒」，以及再予以蒸餾的「白酒」。中國的蒸餾酒「白酒」，據說是起始於蒙古人統治的元朝。

因擁有優秀兵騎隊而得以掌控中國的元朝（西元一二七一～一三六八年），在統治中國期間將帝國的經濟、外交交由伊斯蘭商人等「色目人」管理。換言之，是蒙古人與色目人攜手統治了中國。在中國，威尼斯商人馬可波羅也被視為色目人。

傳至歐洲的蒸餾器，陸續製造了我們現在仍飲用的威士忌、白蘭地、琴酒等，在中國則是「白酒」。明朝學者李時珍的《本草綱目》記載：「（燒酒）非古法也，自元時始創。」說明蒸餾酒並非過去既有，是始於元朝。不過也有人認為，宋朝即有了蒸餾酒的製造，只是元朝更為普及化。

在為元朝皇帝可汗而寫的料理書《飲膳正要》中，稱蒸餾過的燒酒為「阿剌吉酒」。美酒經過蒸發以剔除水分後的就是「阿剌吉」，也就是從東南亞傳來的燒酒。

從「阿剌吉」的發音，不難聯想到「蒸餾器（alembic）」。在歐洲，蒸餾器也稱為「alembic」。在亞洲，蒸餾器或蒸餾酒也稱為「arak」，元朝書籍裡的「阿剌乞」、「阿剌吉」、「阿里氣」、「哈剌莖」等都是「arak」，日本則稱之為「阿羅岐」、「荒氣」、「阿剌木」。由此可知，當時蒸餾器也以「arak」之名傳入日本。

中國的蒸餾酒——白酒與馬乳酒

元朝的忽必烈可汗（西元一二七一～一二九四年在位），原以為統治江南的南宋是強國，因此預備從東西兩方包圍攻下南宋。為此，他先在西元一二五八年將朝鮮半島的高麗收納為屬國，再動員三萬至四萬名士兵發起攻打日本的「元寇之役」

｜馬乳酒｜

將馬乳裝入皮囊袋裡，攪拌發酵後釀製出來的特色酒品。

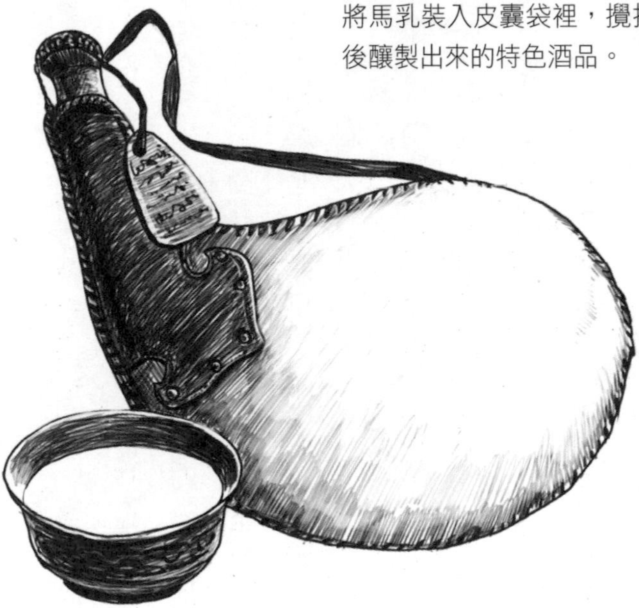

（或也稱為文永之役，西元一二七四年），並於西元一二五三年開始陸續收服四川（蜀）、雲南（大理）。

所以，在考量蒸餾酒傳入中國的途徑時，蒙古人遠征四川、雲南也成為必須納入考量的重要關鍵。傣族等少數民族居住的四川和雲南，是通往內陸絲路、中南半島的必經路徑，與東南亞的連結頗深，而且自古以來就是聞名的美酒產地。此外，雲南的銀礦等礦產豐富，也是許多伊斯蘭教徒的落腳之地。隨著蒙古帝國的征服，也讓此地的造酒技術深切影響中國的酒文化。換言之，印度的亞力酒經由阿薩姆，也傳到了雲南、貴州。

約九十年的短暫歲月，蒙古人入主中國的歷史也宣告結束，原因不免是蒙古人在舒適的都市生活中亦顯奢侈糜爛，最後權力鬥爭的結果就是自取滅亡。明朝又重建漢族的世界，蒙古人則又回到了蒙古高原。

不過，回到蒙古高原的蒙古人以「airag（馬乳酒）」延續象徵昔日榮光的蒸餾酒「阿剌吉」，而且至今仍還飲用。他們利用七月至十月左右的馬乳放進皮囊袋裡，攪拌發酵後釀製出一年份的馬乳酒。這些馬乳酒的土耳其語是「kumis」，蒙古語則是「airag」。之所以為馬乳酒取了近似蒸餾酒的酒名，或許是統治中國時期像蒸餾酒的「烈酒」同等於所有酒的代名詞，但也或許是帶給他們強烈醉意的蒸餾酒實在令人印象深刻所致。

第四章　隨海洋與航海蔓延的飲酒文化

1　支撐「大航海時代」的葡萄酒

葡萄酒取代了一般的飲用水

西元一四九二年哥倫比的橫斷大西洋航路，讓「未知的海域」與「新大陸」得以納入歐亞大陸的歷史，並透過占據地球地表面積達七成的海洋連結起世界各地，也揭開「海洋時代」的序幕。無論是「新大陸」與「舊大陸」、歐洲與亞洲之間有了世界規模的文明交流，並以海洋為中心持續不斷拓展經濟的世界化。五百年過去，人類社會走到如今，終於處於所謂「全球化」的地球規模級社會變動中。這一切都得歸功於西元十五世紀以來船員們的耐力與精力，才能讓地球合而為一，並將世界史導向全新的階段。

如今看來理所當然的事，在那個時代都是艱難的。為歐洲開拓新時代的船旅生活，其實慘不忍睹，整個船艙不是船底積水就是瀰漫著剩菜飯的腐臭味。當時的船內，根本是極為不衛生的空間。就連飲水也是一大問題，由於雜菌繁殖，飲用水容易腐壞。再加上是離陸的海洋航程，更是難以補給新鮮的飲用水。當時的船艙居住環境惡劣，除了位於船尾的船長室外並無隔間，船員們必須睡在甲板或船艙、或是在船艙裡掛起吊床等。

單調的海上生活需要的是樂趣調劑，但所吃的食物既乾又硬，不然就是醃漬食物，簡直乏味極了。因此，為緩和飲食上所帶來的匱乏感，船上運載著大量的葡萄酒。從此也讓葡萄酒在「大航海時代」豎立起嶄新的地位，因為它是航行於海洋的船員們的精力來源。同時為了防止腐敗，這些必須跟隨航海的葡萄酒裡都添加了白蘭地，以增加酒精濃度。最足以代表這些高酒精濃度的葡萄酒，就是葡萄牙的馬德拉酒（Madeira Wine）與西班牙的雪利酒。

惡劣的船內生活

西元十六世紀中期的西班牙船餐食記錄寫著，每日提供麵包約七百公克、豆類約八十公克，每週三次的鹽漬肉，每週有兩天供應一百五十公克的起司與鹽漬鱈魚，有時還會搭配橄欖或椰棗等。當然如此乾硬且近似腐敗的餐食，葡萄酒是萬萬不可缺少的，一天給予約一公升的葡萄酒就足以讓船員們充滿活力了。

西元一五四四年為傳教橫斷大西洋的傳教士聖多明尼哥，敘述了船艙混雜著無數的蝨子、惡臭，空間狹小到像個無法逃脫的牢房。同時還強調乾麵包、鹽漬肉類魚類的主要食材，帶來難以想像的乾渴、以及饑渴的煎熬。所以，葡萄酒在引領大航海時代的葡萄牙船隻或西班牙船隻中扮演著重要的角色，而啤酒則為繼承往後的荷蘭船隻或英國船隻擔負起重要的任務。由此，隨著「海洋時代」的來臨，也為酒文化帶來莫大的轉變。

2 為因應航海最前線的高酒精濃度葡萄酒

孕育哥倫布美夢的馬德拉島

「大航海時代」的先驅，即是葡萄牙亨利王子所組成的非洲西岸探險隊。此航海探險的據點是距離摩洛哥六百四十公里外海上、長四十公里寬十六公里的馬德拉島。西元一四一九年葡萄牙人若昂．貢薩爾維斯．扎爾科發現了馬德拉島，由於全島盡是茂密的亞熱帶森林，故取名為「樹木、森林（意即馬德拉）」。馬德拉島並成為建造帆船的木材供應地，為非洲沿岸探險幫了大忙。

若昂．貢薩爾維斯．扎爾科等人在開拓馬德拉島時，原本打算燒掉部分的森林，沒想到大火蔓延，全島的森林竟燒毀殆盡。火災的灰燼變成了肥料，人們在標高近兩千公尺的山坡上開墾甘蔗田或葡萄園，開始生產砂糖與葡萄。雖說是無心之過，然而導致島上延續燃燒七年之久的火災，卻也是嚴重的自然破壞。馬德拉島自西元一四二〇年開始釀造葡萄酒，數十年後更成為歐洲屬一屬二的砂糖產地。甚至西元一四七八年英國的克雷曼斯公爵被宣判死刑，並讓他自己決定處刑的方法，他說希望被溺死在裝滿馬德拉島產的葡萄酒酒樽裡。

年輕時的哥倫布，也是因為馬德拉島，才促使他以為可以從大西洋往西航行抵達黃金之島「Zipangu」。哥倫布與馬德拉島貴族的女兒結婚，在這裡開始策劃他的黃金之島航海夢。自學過拉丁語的哥倫布在閱讀馬可波羅的《東方見聞錄》時，讀到黃金之島宮殿鋪設著兩根手指厚的黃金地板，更為之神往。馬德拉島，從此也成為象徵大航海時代的島嶼。

島上的特產品就是馬德拉葡萄酒，是白葡萄酒加上白蘭地以強化酒精濃度與甜度的葡萄酒。無論是雪利酒或馬拉加酒（Malaga Wine），都是為延緩腐敗的高酒精濃度葡萄酒，是一種近似葡萄酒的酒。隨歐洲人在巴西驅使奴隸栽培製造砂糖的事業步上軌道後，導致馬德拉島的砂糖製造逐漸走下坡，於是西元一五七〇年代以後開始盛行釀造馬德拉葡萄酒。

在悶熱船艙內熟成的葡萄酒

大西洋上的馬德拉島，是亞洲、南北美洲與歐洲的交易中繼據點。由於馬德拉島栽培的葡萄較酸，一方面為增加甜度，另一方面也為防止長途航程中腐敗，馬德拉葡萄酒遂添加白蘭地以中止持續發酵。

所謂的偶然，常會帶來意想不到的美好禮物。某回，人們喝了航海結束後船艙內剩餘的馬德拉葡萄酒，沒想到風味絕妙。原來悶熱的船艙加上波瀾搖晃，竟意外增添了風味與濃郁，搖身變成極為芳香的酒。也就是說高溫與航船的搖晃，孕育出酒的獨特風味。

於是自西元一七〇〇年左右，英國東印度公司在從倫敦出發經由馬德拉島前往印度孟買的來回帆船內，大量囤積馬德拉葡萄酒作為船的壓艙物，帆船船艙宛如葡萄酒的熟成酒窖，發展出航運以外的周邊產業。經航海後的馬德拉葡萄酒，即可以更高的價錢賣出，因為這些葡萄酒曾迂迴好望角而往來印度之間，是經過熱帶海洋熟成的酒，因而博得「航海酒」的名聲。如今，馬德拉葡萄酒仍與雪利酒、波特酒

（Port Wine）並列為三大高酒精濃度的葡萄酒。馬德拉葡萄酒的特色在於，其琥珀色或赤褐色的液體顏色，即使百年後也不會改變。

馬德拉葡萄酒裝入瓶中時，會貼上當時運載航行船隻的標籤，藉以營造海洋氣味與航海經驗的附加價值。舉例來說，培里艦隊造訪日本之際，其中的薩斯喀那號（USS Susquehanna）也曾迂迴好望角後前往日本，當時船底即載滿了葡萄酒。當然，薩斯喀那號也刻印在馬德拉葡萄酒的歷史中。

不過，這樣的方式無法大量生產。一旦馬德拉葡萄酒的需求量增加，勢必得建造近似熱帶溫度與濕度的高溫酒窖，才能以更合理化的方式熟成葡萄酒。但是如此一來，也失去了經過漫長海洋航行後才能喝到葡萄酒的「浪漫」。

隨漫長嚴苛的航海漂流更增熟成風味的馬德拉葡萄酒，既帶給人們對大海與波瀾與天空的無限想像，同時也令人憶起哥倫布為首的「大航海時代」、「促使歐洲富裕的大西洋貿易」、「進出亞洲」等帶動歐洲進步變化的歷史事件。

3 因大西洋航路而衍生的雪利酒

移居南美移民的據點安達魯西亞

西班牙南部的安達魯西亞釀製的雪利酒，也是歷史上與海洋航行有著密切關連的名酒。在哥倫布開拓了抵達美洲的航線後，以塞維利亞為中心的安達魯西亞就成為大批美洲移民的大本營。許多安達魯西亞人為尋求黃金城（El Dorado），不斷移居至美洲。因此，現在在美洲所說的西班牙語，並不是標準的西班牙語（卡斯提亞（Castilla）語），而是安達魯西亞的方言。換言之，在急切覓得黃金的野心下，大批的安達魯西亞移民征服了新大陸。雪利酒，也是在那樣的歷史背景下釀造出的酒。

安達魯西亞是許多伊斯蘭教徒混雜的地區，與葡萄牙南部的阿爾加維一樣，都是深受伊斯蘭文化影響的地區。同時，它也是地中海與大西洋、非洲與歐洲的十字路交叉點。

位於安達魯西亞西南部、面向大西洋的加地斯（Cádiz）港，是西班牙與南北美洲貿易的據點。加地斯，在腓尼基語是「被城壁圍繞的地方」之意。

西元一四九二年哥倫布成功橫越大西洋，並把海地（希斯盤紐拉）島當成了「黃金之島」，頓時全西班牙陷入黃金夢的熱潮。西元一四九三年，哥倫布率領一千兩百人以上的大船隊，從加地斯港出發朝黃金之島前進。在《黃金之島傳說》中，描述了當時的情況：

「西元一四九三年九月二十五日，向大貴族借款或沒收猶太人財產作為財源，因而組織了瑪麗亞加蘭特號船艦率領的十七艘船，運載約有一千五百名（有一說是一千兩百名）船員、小麥、葡萄苗，甚至是馬等家畜，從加地斯港出發，朝向『黃金之島』前行。此艦隊的目的，是為開發肯定足以成為西班牙人永久植民地的『黃金之島』。由於人們相信這是趟必然成功的航程，才得以組織起前所未有的龐大艦隊。畢竟誰不趨炎附勢。但艦隊規模太過龐大，帕洛斯港根本不敷使用，於是灣面寬廣的加地斯港成為新的出海港。」然而，所謂的黃金不過是出自哥倫布的一廂情願。最後希斯盤紐拉島的經營失敗，為追究責任，七年後的西元一五〇〇年十月初哥倫布被綑上鐵鍊遣返西班牙。

而後秘魯、墨西哥挖掘出大量的銀，加地斯又變成西班牙船隊運送金銀財寶的基地，成為歐洲屬一屬二的富裕都市。也因此許多義大利吉諾瓦商人為求與新大陸交易，特意遷移至安達魯西亞。現今的加地斯儘管是地方的小都市，但從幽暗細長道路旁的古老石造建築，不難想像當年港鎮的繁榮景象。麥哲倫航海世界時，吉諾瓦商人大量蒐購赫雷滋葡萄酒（雪利酒），再轉賣給麥哲倫艦隊，結果赫雷滋葡萄酒也成為了首度航行世界的葡萄酒。

因海盜船而水漲船高的雪利酒

赫雷滋（Jerez de la Frontera「邊境的凱薩之城」）位於加地斯的內陸，自古以來就是葡萄酒的產地。此地所產的葡萄酒經過蒸餾，再加上白蘭地防腐後就是雪利酒。由於添加白蘭地提高了酒精濃度，並中止了發酵，也讓雪利酒成為極具特色的酒。雪利酒，原本是安達魯西亞地區為航向美洲大陸所衍生的酒。赫雷滋古稱「Xerez」，當地的酒在英國稱為「sherris」，語尾變化後就變成「sherry」。赫雷滋，是拉丁語「凱薩之城」的意思。

西元一五八七年，海盜船船長法蘭西斯．德瑞克的部下馬丁．弗羅比舍襲擊加地斯港，搶劫赫雷滋，並奪走三千樽的雪利酒。後來這批雪利酒被帶到倫敦，在女王伊莉莎白一世主位的宮廷蔚為流行，西元十七世紀中期登上名酒的寶座。看來英國人似乎具有分辨名酒的才能。雪利酒與葡萄牙的波特酒（由於是從波特港運出，故得此名），都是英國人發掘的名酒。

幾乎不產葡萄酒的英國，不得不蒐集仰賴各地的葡萄酒。他們常喝的愛爾（Ale）啤酒多有細菌，因而容易腐敗，不適合載船同行。也不知是幸或不幸，英國人在搜刮飲用各地的葡萄酒後，竟擁有敏感識別葡萄酒的「舌」與「鼻」。莎士比亞在劇作《亨利四世》中，更寫到願意拿人生換得雪利酒。

西元十九世紀英國成為「世界的工廠」，迎向前所未有的繁榮，更造就西班牙雪利酒的出口激增。西元一八一〇年雪利酒的產量是一萬樽，來到西元一八七三年變成六萬八千樽，而且九成是出口至英國。雪利酒，其實是英國人為增進食慾的餐前酒。雖已無從得知自表面浮起白色黴菌到雪利酒誕生所歷經的過程，但可推測與長期航海脫離不了關係。畢竟葡萄酒浮起白色黴菌時，一般人是不可能入口的，但在嚴苛的航海旅程中卻是不得不喝啊！

白色黴菌孕育出的風味

雪利酒由於添加白蘭地，酒精度數提高到十五度至二十二度左右，並在與空氣接觸的狀態下熟成為風味獨特的酒。為提高酒的糖分，在葡萄日曬一、兩天後即開始進行發酵，為增加酸味與抗菌力，中途還加入石膏。酒精發酵後，葡萄酒表面會產生「fleur」，是類似醬油麴菌般的皮膜，此黴菌可增添風味，待加入白蘭地則停止發酵。由於中止發酵的時間必須落在出現白黴菌卻又還未腐敗前，因此需要非常費心與熟練技巧。畢竟在此種自然發酵的狀況下，要計算研判加入白蘭地的時機點，並不是件容易的事。

「Solera」製法的雪利酒，是將酒樽疊放四、五層，最上面的酒樽裡放入三分之二或四分之三左右、酒精濃度在十五度的第一次發酵葡萄酒，待與空氣接觸的表面產生雪利酵母皮膜，即表示即將再發酵。此時在不破壞皮膜的狀態下，將樽內三分之一左右的葡萄酒移至下層的酒樽，最上層的酒樽則再補上新的葡萄酒。

為確保雪利酒的品質，西元一八九一年制定了協議，規定在一週左右的二次發酵結束後加入白蘭地，讓酒精濃度提高至百分之十五至二十，再加入濃縮葡萄汁調和甜度，然後放入酒樽熟成半年至一年的時間，如此就能帶有「老酒」般的香醇濃郁。

雪利酒看似沉睡在酒樽裡，其實是一邊保存一邊進行舊酒與新酒的混合，讓新釀的葡萄酒也能承繼老酒的風味。雪利酒的熟成期最短是三年，最長甚至超過三十年以上，是壽命很長的酒。

4 阿茲特克文明的偉大遺產龍舌蘭酒

征服者科爾特斯為之著迷的酒

橫越大西洋來到加勒比海的西班牙人，終於在美洲大陸見識到風格迥異的酒文化。

西元一五一八年，帶著五百名士兵、一百多位船夫、十四架大砲、十六頭馬前往古巴的埃爾南·科爾特斯（Hernán Cortés），自西元一九一五年歷經二十二年的時間終於征服位於墨西哥高原、人口超過兩千萬的阿茲特克帝國。當時的阿茲特克帝國，擁有約兩千五百萬人口，甚至凌駕於法國。根據科爾特斯的記載，首都特諾奇提特蘭的人口數遠超過巴黎，建造在特斯科科湖上的人工島上，每天有兩萬至兩萬五千人進出，每隔五天則有四萬人至六萬人湧入市集。

歷經九個月的攻防，大都市特諾奇提特蘭終於淪陷，讓取得鉅富的三十六歲科爾特斯猶如置身天頂。而更讓科爾特斯沉溺在自我陶醉中的則是阿茲特克帝國的酒「Iztac octli（白色的酒）」，那是西班牙前所未見，取自龍舌蘭的樹液，是祭祀神的神聖之酒。除祭祀日以外，僅有五十歲以上的老人、祭司或戰士得以飲用。若偷偷飲酒被發現了，將施以鞭刑，二度再犯將逐出村，屢犯者則處以死刑。

發酵的龍舌蘭

墨西哥的釀造酒「pulque」，製法獨特。暗綠龍舌蘭「Agave atrovirens」是分布於墨西哥中央高原的多肉性植物，根處寬三十公分，高達二公尺，尖端像劍般尖銳，每數十年會長出十公尺左右的穗，穗的前端會開花。摘去此時期的穗，留下的窪會蓄滿酸甜的汁液。收集這些汁液，待自然發酵後即是酒精度數五至六度、濃稠的「pulque」。龍舌蘭酒容易變質，保存期限約一週左右。與椰子酒一樣都是容易腐敗的飲料。

關於「pulque」的由來，據說是某人發現家鼠啃食龍舌蘭，發現其巢穴有著黃色且美味的液體，其他家鼠的巢穴也是如此。於是收集龍舌蘭窪槽裡的液體，不久後竟發酵變成了美酒。

西元十六世紀漫遊新大陸的科斯塔神父針對「pulque」描述道：「龍舌蘭是令人驚奇的植物，這種植物可以作為水、酒、醋、蜜、果汁、線、針以及其他許許多多的東西，讓新造訪者或新渡航者們忍不住記述下它的神奇。」

因蒸餾器而誕生的龍舌蘭酒

延續「pulque」的製法，西班牙人利用蒸餾器蒸餾出酒精度數四十五度的龍舌蘭酒（tequila）。龍舌蘭酒，其實就是融合了墨西哥與歐洲兩種酒文化的酒。

關於龍舌酒的起源有著這樣的傳說，西元十八世紀中期墨西哥西北部的哈利斯科州tequila村發生了大規模的火山燒，許多龍舌蘭被燒得焦黑，附近的村民一探究竟時竟聞到一股難以言喻的芳香，壓碎那些焦黑的龍舌蘭後滲出了褐色香甜的汁液，由此tequila村遂開始人工釀造龍舌蘭酒。他們把龍舌蘭放進蒸氣鍋裡加熱，取出汁液發酵後，再予以蒸餾。tequila村，是位於距離墨西哥首都約七十公里遠的高原。

風靡世界的龍舌蘭飲用方式

龍舌蘭酒的製造，首先必須摘取暗綠龍舌蘭藏在土裡近三十至四十公斤的巨大球莖，以蒸氣鍋蒸煮後，再以機器壓碎榨出汁液。然後將這些汁液放入桶裡發酵，以單式蒸餾器蒸餾兩次，過濾保留酒精濃度為五十至五十五度的液體，之後加水放入橡木桶裡貯藏二至五年，待熟成後即能裝瓶。最初的龍舌蘭酒是無色透明，經過兩年橡木樽的熟成後會變成漂亮的琥珀色。

龍舌蘭的飲用方式，非常特別。檸檬或萊姆切成圓輪狀後，以拇指與食指夾住，鹽則放在這兩根指頭的根處。嘴含檸檬待酸味蔓延口腔，再舔一口鹽，然後將杯裡的酒一飲而盡。有時，鹽裡也會添加一種紅色幼蟲的灰燼，那是附著在龍舌蘭上的蟲。西元一九六八年墨西哥奧運會時，龍舌蘭酒的特殊飲用方式立刻風靡全世

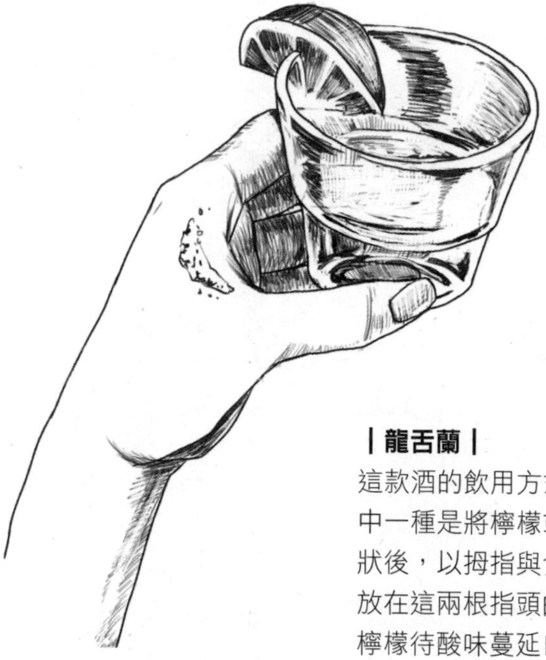

|龍舌蘭|

這款酒的飲用方式非常特別，其中一種是將檸檬或萊姆切成圓輪狀後，以拇指與食指夾住，鹽則放在這兩根指頭的根處。以嘴含檸檬待酸味蔓延口腔，再舔一口鹽，然後將杯裡的酒一飲而盡。

界。不過，龍舌蘭酒是餐前酒，一般以兩杯為限，不宜狂飲。

也由於「瑪格莉特（Margarita）」這個充滿魅力想像的雞尾酒名，龍舌蘭酒逐漸為世界大眾所熟知，並蔚為流行。萊姆汁與君度橙酒（Cointreau）與冰塊放入攪拌機混合，調和後倒入杯中，以水沾濕的杯緣再沾上鹽，然後就著杯口喝，就是所謂的「瑪格莉特」。此雞尾酒是西元一九四九年洛杉磯的調酒師所調製，瑪格莉特是他因狩獵意外身亡的初戀情人的名字。如此後勁十足的雞尾酒，沒想到竟是源自如此淒美的回憶。

5 以新大陸的馬鈴薯為原料的北歐釀造酒

曾是滋補酒的阿誇維特酒

大航海時代，一如「哥倫布大交換」一詞，就是地球物種、物質交流的時代。新大陸的玉蜀黍、馬鈴薯、香菸、向日葵等，也引發舊大陸各地的「餐桌革命」。餐桌革命的波瀾甚至波及北歐，讓時常陷入嚴重飢荒的北歐因馬鈴薯而獲得救贖。來自海洋彼端的馬鈴薯，也孕育釀造出足以代表北歐的酒。那就是以馬鈴薯為原料，北歐諸國瑞典、丹麥、挪威所釀造的蒸餾酒「阿誇維特酒（Aquavit）」。由於來自美洲大陸的廉價馬鈴薯之普及，阿誇維特酒才得以成為大眾化的酒。

「阿誇維特酒（Aquavit）」，源自拉丁語的「aqua vitae」，是「生命之水」的意思。但也有一說認為是源自「來自葡萄的水」、也就是蒸餾酒之意。在德國，則稱為「schnapps」。

北歐的阿誇維特酒，與伏特加同樣是無色透明，酒精度數在四十度至四十五度間，特色是添加了生長在斯堪的納維亞半島的葛縷子（caraway）種子或香草等以增加香氣。

西元十五世紀末，斯德哥爾摩已能釀造阿誇維特酒，不過是以德國進口的高級葡萄酒蒸餾製成，屬於高級藥酒。當時的阿誇維特酒是極昂貴的酒，平民大眾不易取得。

因馬鈴薯而趨向大眾化

之後阿誇維特酒以大麥等為原料，但由於北歐的氣候寒冷，大麥收成不穩定。無法收成的該年，政府則下令禁止釀酒。對於癮君子來說，的確是很難受的事。直到西元十八世紀，釀造業者掌握價廉馬鈴薯的特性，才終於克服釀造的難題。其實俄國的伏特加也是，因寒冷且農業收成不穩定的嚴苛環境，與其追求原料微妙變化下的風味，如何確保酒精濃度才是問題的關鍵。

阿誇維特酒因添加香草而帶有獨特芳香，這點與荷蘭的琴酒相同，看來是受到荷蘭的酒文化之影響。不過兩者不同的是，琴酒使用的是杜松子，而阿誇維特酒使用的是繖形花科的葛縷子。在北歐，冰鎮過的阿誇維特酒常與前菜一同享用，待阿誇維特酒溫暖了胃，才會開始飲用啤酒。

維京海盜的阿誇維特酒

居住在荒涼大地的挪威人，最初是維京海盜，靠著在海上交易或強奪維生，而後他們也移居各地，足跡遍及英國、法國、伊比利亞島、義大利半島南部。與他們一起航海浪跡天涯的阿誇維特酒，即是挪威釀酒公司所出產的「利尼（Linie）」。

「利尼（Linie）」是線的意思，在此則是「赤道」。換言之，是意指同帆船運載至赤道、隨波漂蕩直到熟成的阿誇維特酒。

西元十七世紀末期以後，支配世界海洋的英國人也開始參與阿誇維特酒的熟成。為了讓進出太平洋的英國帆船得以穩定重心，船底運載了大量的阿誇維特酒酒樽往返於與澳洲之間。由於去程與回程，等於經過了兩次赤道，阿誇維特酒隨之熟成為琥珀色，風味更是美味。如此經過漫長時間熟成且帶有木樽色澤、芳香的阿誇維特酒，則命名為「赤道」，也算是維京人與英國人跨世代的合作。

6 因啤酒短缺而誕生的普利茅斯殖民地

因啤酒短缺無法繼續前行的五月花號

荷蘭、英國等習慣暢飲啤酒的船夫們，將添加殺菌力的啤酒花啤酒裝入木樽，充當航海時的飲用水，以替代高價的葡萄酒。也由於這些大量囤積船內的啤酒作為強力的後盾，日後才得以建立起美利堅合眾國。其中，五月花號就是清教徒移民始祖（Pilgrim Fathers）歷經六十六天、跨越四千四百公里航行的移民船。

英國國王詹姆斯一世（西元一六〇三～二五年在位），他自稱英格蘭人之父，貫徹執行獨裁政治，嚴厲鎮壓清教徒。不耐國王迫害，西元一六二〇年一〇二名清教徒（據說共有一〇二名乘客，但清教徒其實不到四十人）搭乘全長二十七點五公尺、一百八十噸的小帆船五月號，準備橫跨大西洋展開移居旅程。這群清教徒移民始祖的目標是開拓自由的新天地。

五月花號在經過兩個月的苦難航行後，終於橫越大西洋抵達美國沿岸，然而此時船上飲用的啤酒已盡罄。本來他們預計繼續南行移民到溫暖的南方，可惜代替飲用水的啤酒匱乏，最後只得終止航行。無可奈何下，西元一六二〇年十一月十一日他們在麻州灣下錨上岸，以現在波士頓東南方的新普利茅斯作為建設開墾的殖民地，之後這裡甚至成為英國十三個殖民地的核心。

在登岸前他們先制定五月花誓約，約定基於正義與法制建立新社會，而這也成為往後美利堅合眾國的建國理念。至於五月花號，其實是當時極為普遍的船名，據說共有二十艘以上同名的船隻。另外，新普利茅斯之名是取自他們起航出港的英國普利茅斯。因為啤酒用盡的巧合，才得以建立起美利堅合眾國的雛型，說來也的確有趣，不過他們上岸後為了在嚴寒荒野中度過冬天，也歷盡千辛萬苦，據說半數以上的人因不耐寒冬而喪命，最後存活下來的還不到五十人。初期的美國移民，其實是非常艱辛的。

殖民地孕育下的蘋果酒

移居到美國的英國人，仰賴由本國進口的啤酒、葡萄酒。歐洲也不斷往殖民地出口大量的啤酒、葡萄酒，舉例來說，新普利茅斯殖民地建立十年後，由英國出港的亞伯拉號裝載著約三萬八千公升的葡萄酒、同等量的啤酒、一百二十樽麥芽威士忌前往美國。

當然，在殖民地各家庭也自行釀造啤酒。不過，寒冷的新英格蘭殖民地並不適合大麥或啤酒花的栽種。漸漸地美國殖民地終於脫離英國的飲酒文化，豎立起獨特固有的飲酒文化。從英國移植過去的蘋果竟適合新英格蘭的氣候，於是堅硬且熟成的蘋果所釀造的蒸餾酒蘋果酒（Apple Jack），就成為代表英國殖民地新英格蘭的酒。

同時，也盛行利用西印度諸島的糖漿釀造蘭姆酒。以麻州為首所釀造的蘭姆酒，不僅提供殖民地所需，也因為比起葡萄酒便宜且不易腐壞，更成為船員們不可或缺的飲料。西元十八世紀後期，據說美國殖民地共有一百五十九處蘭姆酒蒸餾場。

對於缺乏娛樂的殖民地來說，酒精飲料就是民眾活力的泉源。城鎮裡的酒館也成為人們休憩、社交的場所。獨立戰爭前，紐約的酒館占有率據推測每四十五名居民就有一家酒館。不過嗜酒一事，原住民也不遑多讓。西元一六二六年，荷蘭人以三樽蘭姆酒向原住民購得紐約的曼哈頓島。

7 砂糖革命與價廉的蘭姆酒

活用砂糖剩餘的大量榨渣

羅伯特．路易斯．史蒂文森在小說《金銀島》的一開頭，即描寫著海盜高唱關於蘭姆酒的歌。糖漿所釀造的蘭姆酒，說穿了就是甘蔗的廢物再利用，也是新大陸所生產的廉價酒。蘭姆酒，是橫霸世界第二大內海加勒比海、專打劫西班牙銀船的海盜們所喝的酒，也是來往於大西洋船夫們的酒，堪稱是促進砂糖產地加勒比海諸島繁榮的酒。

蘭姆（Rum），源自英國德文郡方言的「rumballion」，有「興奮、喧囂」之意。如今人們已不再使用這個詞彙，不過卻留下取用字首的「蘭姆（Rum）」酒。音樂「倫巴（Rumba）」，也源於同詞彙。文獻出現「蘭姆（Rum）」一詞，是在西元一六六一年。由於糖漿稱為「Molasses」，故蘭姆酒也稱為「Molasses spirit」。

蘭姆酒是將糖分濃度百分之五十至五十五的糖漿（砂糖的餘渣）稀釋到百分之十二至十左右，然後再添加酵母，是非常簡單即可釀造完成的酒，因而價廉。待酵母發酵後，再經過兩道蒸餾手續，即可裝入樽桶裡等待熟成。

與奴隸貿易與海盜相關

究竟在何種契機下釀造蘭姆酒，已不得而知，不過，有一說認為是西元一六五一年英國人帶著蒸餾器登陸加勒比海的巴貝多島。另有一說則認為，是探險波多黎各的西班牙人胡安·龐塞·德萊昂（Juan Ponce de León）一行人在西元十六世紀初期釀造了蘭姆酒。

不論何種說法，西元十八世紀西印度諸島得以供應大量砂糖予歐洲，也引發了所謂的「砂糖革命」，以英屬地牙買加為中心的各地更利用精製砂糖後剩餘的糖漿釀造蘭姆酒，因而成為重要的產地。牙買加之名，也隨蘭姆酒遠播世界。加勒比海域的砂糖大農場不斷開拓新的甘蔗田、收購大量奴隸、食糧、日用品、精製工場設備等，為的是大量生產供應歐洲市場的砂糖，而此結構也成為歐洲資本主義經濟的「雛型」。有人認為大量生產造成砂糖的大眾化，進而也衍生出資本主義經濟，其實蘭姆酒也與那樣體制下的砂糖生產脫離不了關係。

從非洲西岸運載著黑人奴隸來到西印度諸島的奴隸船，先利用空的船艙裝載糖漿運往美國的新英格蘭殖民地，卸貨後再運載蘭姆酒前往非洲，那些酒就是黑人奴隸的代金。奴隸船，就那樣往返於三角貿易間。也令蘭姆酒與奴隸貿易有了密切的連結，並蒙上人性的幽暗面。

「groggy」一詞的由來

在過去，英國海軍供應水兵啤酒，而後則是「砂糖革命」的副產物蘭姆酒。蘭姆酒的好處之一，是具預防壞血病的效果。因此，每日午餐前供應水兵二百八十四毫升（二分之一品脫）的蘭姆酒（而且持續直到西元一九七〇年）。當時砂糖可是英國經濟的重要支柱，提供守護交易海路的海軍蘭姆酒，也不過是施捨殘羹剩飯的事罷了。

但凡事總該有所節度，不可過滿。西元一七四〇年僅以六艘軍艦占領波多貝洛港而聞名的英國海軍將領弗農（Edward Vernon）顧及水兵的健康，遂命令「配給的蘭姆酒必須以四倍水稀釋後，分兩次供應」等同現今日本流行的「水割（Mizuwari）」喝法。但是，此舉卻引來慣喝烈酒的水兵們之不滿，他們抱怨：「像水一樣的酒，還能喝嗎？」「為什麼那傢伙要奪走我人生最大的樂趣？」

憤慨的水兵為了揶揄弗農，以他穿著的grogram（絹與安哥拉羊毛混毛）布料外套為他取了「『Old Grog』（皺巴巴的老糊塗蟲）」的綽號藉以洩憤。可怕的是，習慣有著無遠弗屆的力量，自此弗農所提案的「水割（Mizuwari）」喝法即稱為「Grog」。

拳擊等慣用的「groggy（站不穩的）」一詞，就是源於意指喝蘭姆酒過量的狀態，另外販售廉價酒的商店也稱為「groggy shop」。

支撐大英帝國海軍的蘭姆酒

蘭姆酒，最後成為大西洋交易的通貨代幣。來到西元十八世紀中期，英國對於自國殖民地以外的蘭姆酒原料糖漿課以重稅，以求更有效利用自國屬地的砂糖廢棄物（糖漿）。不過，美國殖民地開始偷渡法國殖民地產的便宜且優質糖漿。氣得跺腳的英國政府於西元一七六四年制定美國殖民地糖漿條約，嚴格取締糖漿的偷渡。此條約制定後，更突顯了英國與美國殖民地之間的勢不兩立。

美利堅合眾國成立後，基於人道立場開始強烈抨擊奴隸貿易。因此西元一八〇七年英國頒布禁止糖漿進口令，翌年又頒出奴隸交易廢止令。以蘭姆酒作為交易的大西洋奴隸貿易制度隨之瓦解，美國的蘭姆酒釀造時代也宣告結束。

西元一八〇五年十月二十一日特拉法加海戰（The Battle of Trafalga），英國海軍將領納爾遜率領的英國海軍奇蹟式擊潰法國與西班牙的聯軍，也是英國攻防拿破崙野心的重要戰役。納爾遜舉著Z旗宣誓絕不退戰，英國海軍的二十七艘戰艦、一千兩百三十八門大砲面向法國與西班牙聯軍的三十三艘戰艦、兩千六百四十門大砲，結果獲得壓倒性勝利。

不過被敵艦擊中的納爾遜留下「感謝上帝，我們的任務已完成」後，即在船艦上戰死身亡。為了把他的遺體帶回英國，遺體被保存在蘭姆酒酒樽裡，回到英國後葬於聖保羅大教堂。據說納爾遜遺體送回英國時，英國人爭相搶喝那樽蘭姆酒。為此，英國海軍所飲用的黑蘭姆酒（Dark Rum）也稱為「納爾遜的血（Nelson's blood）」。

西元十九世紀後期，人們利用連續式蒸餾器又釀造了廉價的淡蘭姆酒（Light rum）。蘭姆酒通常是摻可樂飲用，像是中南美洲的古巴獨立戰爭時名為「自由古巴（Cuba Libre）」的調酒即大受歡迎。由於蘭姆酒在發酵過程中除了酵母外還會產生醋酸菌、酪酸駿等，因而帶有獨特的香味，也常用於烘培餅乾、或是雞尾酒的基酒。

8 捕鯨中繼站夏威夷的「燒酎」

大捕鯨時代的夏威夷

太平洋是足以吞噬地球所有陸地的最大級海洋。也由於它的龐大，人類根本來不及開發，因而得以保有豐富的自然資源。不過來到西元十八世紀後期，人們急速開發太平洋。英國人詹姆斯．庫克三度航海勘查，終於了解包含澳洲、紐西蘭在內的太平洋輪廓。

工業革命引爆「生產地」的都市快速成長，都市街燈所使用的燈油、燈火照明、蠟燭的原料都必須仰賴鯨油，導致捕鯨業成為一大產業，直到西元一八五〇年代以後人們才轉而利用石油。當時的捕鯨中心就在美國，主要漁場就是抹香鯨、北露脊鯨等鯨魚棲息的太平洋。鴉片戰爭後的西元一八四二年左右，據記錄顯示約八百艘以上的捕鯨船出航，一年約捕獲一萬頭的抹香鯨。堪稱是鯨魚受難的時代。

描寫亞哈船長與巨大白鯨生死搏鬥的《白鯨記》，作者赫爾曼．梅爾維爾即擁有搭乘捕鯨船出航的經驗。他認為航行在既定安全航路的商船根本不算什麼，唯有為養家活口而追蹤定期移動的鯨魚、航向未知海域的捕鯨船才是最勇敢的探險者，懂得開拓海洋的真意。

當時位於太平洋中央的夏威夷火奴魯魯（檀香山），是捕鯨船的中繼據點。據說西元十九世紀，每年約有六百艘以上的船隻在火奴魯魯靠岸。現在仍吸引大批觀光客的度假勝地火奴魯魯，其繁榮的根基可說是鯨魚的犧牲換來的。夏威夷也由於過往的捕鯨業，遂利用精製鯨油的鐵鍋釀造酒。

當時的捕鯨船一旦出航，船艙必滿載鯨油才回港，有時甚至是長達四年的航行。夏威夷的火奴魯魯遂成為捕鯨船補給食糧、水的重要基地，不過，為追趕悠游日本近海的鯨魚，當然也需要在日本列島設立食糧、水等補給站。美國的捕鯨業者為將小笠原納為據點，遂派遣美國海軍將領培里（Matthew Calbraith Perry）前往日本要求門戶開放。因為當時美國的主要產業是捕鯨，必須確保捕鯨船隊在日本近海捕鯨時得以補給水與食糧等。

使用鯨油鍋釀造的「鐵屁股」

西元十九世紀後期，從事砂糖、鳳梨栽培的美國移民不斷增加，西元一八三五年，更在可愛島設立了製糖公司，但在極度缺乏工人的情況下，西元一八六八年在橫濱的美國商人仲介了許多日本人開始移居夏威夷。

在此之前，西元一七九〇年代左右在太平洋航行途中意外靠岸夏威夷的英國蒸餾業者威廉·史帝芬森，發現夏威夷盛產的太郎薯，於是開始思索能不能拿來當做蒸餾酒的原料。想當然耳，夏威夷並無蒸餾器。史帝芬森靈機一動使用了捕鯨船上煮鯨魚油的鐵鍋，並安裝上簡易的蒸餾裝置，最後竟可以釀酒。試飲的結果，果然非常美味。而且為了商品化，還特別取了奇特的酒名。實因釀造、蒸餾用的煮鯨油鐵鍋像似女人豐滿的屁股，故取名為「鐵屁股（Okolehao）」。可是有人嫌這個名字不夠文雅，多半簡稱「oke」。

西元一八九三年，移居夏威夷的美國人造反，推翻了卡米哈米哈王朝（Kamehameha），並提出與美國合併的請求，事情的原委其實與西元一八四五年合併於美國的墨西哥領地德州如出一轍。於是，夏威夷自豪的「鐵屁股」從此變成了美國的酒。夏威夷人通常是直接暢飲這種烈酒，不過難以招架「鐵屁股」後勁的觀光客則是摻入可樂或果汁飲用。

第五章 近代社會孕育衍生的酒

1 英國、荷蘭推動的酒之商品化

商品最忌腐敗

西元十七世紀的荷蘭，成為以毛織品產業與造船業為主的商業國家。從西元一五八〇年代至一六六〇年代，荷蘭的毛織品生產額激增五點五倍。此外，隨掌控北海漁場的大規模漁業而發展出的造船業，必須使用風力製材機或大型起重機等，也促使作業更加機械化與標準化，荷蘭生產力遠遠領先歐洲他國。同時，造船業又帶動航海用具製造、繩索製造、航海地圖出版等相關產業的發展。另外，荷蘭的染色業、製糖業、製材業、釀造業、皮革生產等也居於領先地位。西元一六二二年時，百分之六十的荷蘭國民皆居住在都市，而且其中四分之三人口甚至生活在人口達一萬人以上的都市。從此，前所未有的商業國家由此誕生。

「荷蘭人就像蜜蜂吸取了所有國家的汁液，挪威是他們的森林，萊茵河、加隆河、多爾多涅河河畔是他們的葡萄園，德國、西班牙、愛爾蘭是他們的牧羊場，波斯、波蘭是他們的穀倉，印度、阿拉伯是他們的庭園。」從這段話可知，取代西班牙成為支配歐洲交易網龍頭的荷蘭是多麼繁榮興盛。

當時歐洲最大的商業都市，就是首都阿姆斯特丹。西元一六〇九年，模仿威尼斯的里阿爾托銀行成立的阿姆斯特丹換匯銀行，發展出換匯票據制度，於是阿姆斯特丹成為歐洲的金融交易中心。西元一六一三年更設立股票交易所，西元十七世紀中期，阿姆斯特丹換匯銀行的存款甚至激增了一點六倍。

西元一六三四年，荷蘭擁有三萬四千八百五十艘船，其中的兩萬艘是專行駛歐洲水路的船隻，剩餘的一萬四千八百五十艘船中有六千艘用於裏海貿易、兩千五百艘用於北海、一千艘用於萊茵河與馬斯河、一千五百艘用於與英國和法國的貿易、八百艘因應西班牙、非洲北岸和地中海、三百艘用於針對非洲、巴西和東西印度、兩百五十艘用於俄國和格林蘭島、餘下的兩千五百艘用於各種方面。如此荷蘭變成歐洲第一海運大國，經手處理來往於歐洲內陸的重要商品中，當然也包含酒類。

為運載大量的啤酒或葡萄酒，最大的挑戰就是「防止腐敗」的問題。於是荷蘭人藉推廣淡啤酒、蒸餾葡萄酒為白蘭地以降低腐敗率，達成更有效率的運送。

造成世界大變貌的餐桌革命

西元十八世紀，加勒比海域巴貝多、牙買加、海地等地為供應英國、法國所需，製造的砂糖量爆增，促使砂糖走向大眾化（「砂糖革命」），砂糖在與阿拉伯的咖啡、中國的紅茶結合下，地球規模級的「新飲食文化」逐漸席捲歐洲。這也就是「餐桌革命」。歐洲人的餐桌上，開始出現連結地球的食品大結合。

「餐桌革命」的軸心，當然就是砂糖。甘蔗在採伐後糖分會快速遞減，必須把握收穫後的黃金時間進行壓碎、榨出砂糖水，再經過蒸餾、精製程序。為此，需要更多人手的幫忙，以及製造砂糖的工業設備。砂糖栽培的大規模化，也帶動利用價廉砂糖的餘渣（糖漿）製造生產蘭姆酒，並成為商品送往市場。

這些甘蔗農場（大農場），必須搭配以水車、風車、家畜等驅動動力的砂糖精製工場，同時也需要大批的黑人奴隸、奴隸所需的食糧、製糖必備的各項設備或家畜、日用品等。然而，這一切都需要資金。不過只要砂糖成為商品，銷售到歐洲的龐大市場，就能獲得遠超過投資資金的利益。

在什麼都無的土地上，人們先以貨幣購得奴隸、食糧、家畜、各項設備、酒、日常生活品，然後再經營砂糖大農場獲利，如此的循環就變成資本主義經濟體制的先驅典範。換言之，就是透過貨幣循環所建構的經濟體系。

西元十八世紀後期，以環大西洋經濟圈的成長為基礎，在英國的主導下又引發第二階段的歷史文化變遷，也就是英國東印度公司主導的「衣料革命」。東印度公司促使往來於印度洋的印度產棉布進入環大西洋經濟圈，引發了布料的革命。產於亞熱帶的棉布，深受同氣候帶的環大西洋圈之喜愛，成為最搶手的商品。由於棉布的需求量暴增，也推動了機器與蒸氣機的發明，再誘發引燃日後的工業革命。工業革命以後，生產據點的都市之規模逐漸擴大，需要鐵路快速連結廣闊的地幅。新型態社會體制的建立與都市化的發展，更迫使人們對酒的需求量激增，也讓酒朝向大量生產邁進。那是酒文化的大變革，也代表酒進入商品化量產，以及跨越國界大量傾銷的時代。

2 晉升高級酒的干邑白蘭地

葡萄酒的濃縮運送

為防腐敗、讓商品的酒得以遠距離運送，荷蘭商人積極透過加熱的方法殲滅葡萄酒中的酵母與酒糟，讓葡萄酒也得以進行運輸。

蒸餾葡萄酒所製成的白蘭地，在今日是高級酒，但最初卻是為保存葡萄酒而衍生的廉價酒。畢竟，白蘭地的釀造概念頗近似燒酎。原本是為了遠距離、有效率運送葡萄酒，沒想到荷蘭商人的巧思卻促成白蘭地商品化。

如今所謂的「白蘭地」，選用的是較酸的葡萄釀造的白葡萄酒，再經過發酵、蒸餾後，放入橡木桶裡等待五年至十年或更久以上的熟成期。「白蘭地（Brandy）」的語源是荷蘭語的「brandewijn」，意指「加熱過的葡萄酒」。因為蒸餾時會升火，於是有了「加熱」的印象。

荷蘭人讓白蘭地再度復甦的理由，不是為仿造中世紀的「生命之水」，而是為了利益。西元十七世紀的荷蘭，是主宰歐洲諸河域交易往來的水運之國，舉凡各地葡萄酒的買賣，荷蘭商人皆參與其中。

荷蘭商人從位於波爾多以北一百公里遠的拉侯謝爾（La Rochelle）港購入葡萄酒，再轉賣給慣喝啤酒的荷蘭、英國、北歐等地，為讓體積龐大的酒樽在運輸時更加輕便以謀取最大利潤，他們事先蒸餾、濃縮葡萄酒，然後再加水稀釋後販售。此舉不僅方便運輸，同時也兼具防腐效果。為了蒸餾，還開發出效率極高且適合蒸餾葡萄酒的機器。不過，蒸餾過的葡萄酒喝來宛如其他品種的酒精飲料，而且美味極了，最後乾脆以白蘭地售出。

干邑白蘭地與雅馬邑白蘭地

白蘭地產地，又以法國的干邑（Cognac）最為有名。據說位於法國西南部夏朗德省的干邑葡萄酒，由於始終無法贏過波爾多等地的優質葡萄酒，來此地購買當地特產岩鹽的荷蘭商人遂教導當地人葡萄酒蒸餾法。

干邑是石灰質土壤，只能栽種出酸味葡萄，受限於自然環境是無法釀造出優質葡萄酒。不過蒸餾後變成白蘭地，則能讓這種帶有酸味的葡萄酒改頭換面。另有一說認為此舉是為逃避高額的物品稅、也為減輕船運載量，人們才開始蒸餾葡萄酒。

白蘭地在英國、荷蘭等地大受歡迎，原因就在那帶有特色的酸味，原本是缺點的部分如今卻變成優勢，的確令人有些摸不著頭緒。糖分偏少的干邑葡萄酒，即使經過兩道的蒸餾手續仍無法產生焦糖，不過在熟成的過程中酸味會隨之分解，並散發出難以言喻的芳香。也就是說，蒸餾讓葡萄各自綻放出天生獨特的個性。干邑白蘭地，必須放置在法國中南部利穆贊（Limousin）、特朗賽（Troncais）所產的通氣橡木桶裡，待兩年以上的熟成後才能形成「酯」的芳香成分，酒樽也會釋出色素、單寧等，讓液體呈現褐色色澤。在干邑，人們稱熟成中逐漸蒸發掉的酒為「天使的那一份（Angel's share）」，也因為分享才配擁有後來的芳香與漂亮色澤。

位於波爾多西南方、加隆河上游的雅馬邑（Armagnac）也如同干邑，於西元十七世紀由荷蘭商人主導釀製白蘭地。當時荷蘭人讓上游的雅馬邑葡萄酒循加隆河而下，再由河口的波爾多輸出至慣喝啤酒的國家，此舉令波爾多的葡萄酒業覺得侵害到他們的權益，為抵制企圖立法規定不得利用加隆河運輸波爾多以外的葡萄酒。不得已，荷蘭商人只好將雅馬邑的葡萄酒蒸餾為白蘭地再輸出。如此一來，不同種類的酒自然無競爭、也無有利益衝突了。

干邑與雅馬邑兩地的白蘭地，在製法上完全不同。「雅馬邑白蘭地」是採一次蒸餾，酒精度數在五十五度至六十度，然後再放入橡木桶等待熟成。相較之下，「干邑白蘭地」是經過兩次蒸餾，酒精度數在六十度至七十度間，然後再等待熟成。不過裝瓶販售時，酒精度數都已調整到四十度至四十三度。

造成法國長期一分為二的宗教戰爭（西元一五六二～一五九八年），引發國內局勢的紛亂，但白蘭地的製造卻開拓了消費市場，也為苦惱於消費遞減的葡萄酒業者帶來一線生機。由於荷蘭商人積極將白蘭地銷往喜好烈酒的英國或北歐，也讓干邑白蘭地與雅馬邑白蘭地在啤酒圈的國家打出響亮的名號。

宣傳促使白蘭地得以品牌化

在干邑，白蘭地稱為「Vin brulé（燒葡萄酒）」。荷蘭商人為提升白蘭地的地位，改以「Brandewijn（熱葡萄酒）」的稱呼，並鎖定英國的消費市場。隨著名稱的改變，也讓原本的大眾酒晉升為高級酒。深為白蘭地的風味與芳香著迷的英國人再將其改名為「Brangwine」，而後又縮寫為「Brandy」，並被視為高級酒精飲料。也就是說，賦予白蘭地高級酒印象的並不是法國人，而是始於荷蘭人，至於使其發揚光大的則是英國人。透過繼荷蘭成為世界強權的富裕國英國所推廣的白蘭地，再繼續影響其他世界各地。

事實上，西元十七世紀路易十四世統治下的法國已出現白蘭地，那是如同日本燒酎的庶民酒精飲料。在巴黎等的大都市，白蘭地是「計量販賣」的，小販脖子掛著裝有酒瓶的籃子沿街叫賣，販售時再以計量杯秤量計算。

路易十四世在五歲即位，當時是西元一六四三年、正值三十年戰爭（西元一六一八～一六四八年）期間，該年二十八歲的菲利浦・奧吉爾設立蒸餾所，也是現存歷史最悠久的白蘭地蒸餾場。直到最近奧吉爾（AUGIER FRERES）酒商將「三星（Three Star）」白蘭地改名為「太陽王（Le Roy Soleil）」，並貼上助長白蘭地有功的太陽王路易十四肖像酒標。不過，現在又改名為「奧吉爾三星（Augier Three Star）」。

西元十八世紀，法國產的白蘭地成為英國有產階級的最愛，不動如山的地位甚至延續至西元十九世紀。堪稱是「燒酎」功成名就的最佳案例。

3 因嚴冬酷寒而奇蹟誕生的發泡酒香檳

香檳的恩人唐．培里儂

與白蘭地迥然不同，最初即以貴族之酒現身的則是香檳（Champagne）。西元十七世紀後期，法國在太陽王之稱的路易十四統治下，來到集權王政以來的全盛期。而在本篇會派修道院默默工作四十七年的修道士唐．培里儂（Dom Pérignon），則在此時期的香檳地區發明了發泡葡萄酒「香檳（Champagne）」。西元一六八〇年左右，在奧特維萊爾（Hautvillers）修道院負責財務兼酒窖管理的唐．培里儂發現酒窖裡爆裂的葡萄酒，舔嘗後發現那味道美味無比。據說由於太過驚喜，他還讚嘆：「猶如喝下天上的星星。」那正是稱為香檳的發泡葡萄酒。

香檳地區在秋天釀造葡萄酒，冬季期間葡萄酒則停止發酵，若條件許可，來到春天才會再度發酵。見到來自西班牙的修道士以通氣良好的軟木塞充當水桶的栓塞，唐．培里儂也模仿使用軟木塞替代長久以來以油混濕麻布所做成的栓塞。堅硬的軟木塞讓春天時再度發酵產生的二氧化碳完全密封在瓶裡，因而常導致酒瓶爆裂。所以這一切，可說是偶然中的偶然啊。

而後唐．培里儂仍冒著酒瓶爆裂的危險，終其一生研發製造發泡葡萄酒。據說直到最後，保持完好不碎裂的酒瓶僅達六成左右。這在當時可說是無利可圖且充滿受傷危險的釀酒工作，然而唐．培里儂投注畢生的努力調和不同種類的葡萄（黑皮諾〔Pinot Noir〕品種與夏多內〔Chardonnay〕品種），以求提升香檳的品質與風味，最後懷著「為葡萄酒注入氣泡的魔術師」之美譽離開人世。

香檳，是在一次發酵後的葡萄酒中加入糖分與酵母，然後裝入酒瓶密封，讓再度酒精發酵產生的二氧化碳得以保留在瓶中直到熟成，待出貨時才迅速去除酒糟與酵母，在製造上的確有相當的困難度。因為去除酒糟時，必須漸進式傾斜熟成中的酒瓶，直到最後整個瓶口朝下讓酒糟來到瓶口的位置，然後凍結瓶口的部分迅速去除酒糟。由於費工且需要熟練技巧，也使得香檳的評價水漲船高。

奏效的香檳行銷

在香檳業者的巧妙推波助瀾下，這種甜美且稀有的葡萄酒被視為一種的地位身分象徵。自法國革命前夜直到維也納會議的動亂時代期間，香檳始終以高價葡萄酒立身宮廷。在法國革命前夜，與康帝（Conti）公爵爭奪勃根地羅曼尼（Romanée）葡萄園卻因而敗北的龐波德夫人（Madame de Pompadour），還說了「香檳是唯一能讓女性飲後不失美麗的葡萄酒」，藉以排解她的悔恨。而冠上康帝公爵名的「羅曼尼康帝（Romanée-Conti）」葡萄酒，現在仍是年產僅限三千數百瓶、「說的人多喝的人少」的高價稀有葡萄酒。路易十六世的皇后瑪麗·安東娃妮特（Marie Antoinette），也是香檳的愛好者。據說好萊塢的瑪麗蓮夢露每天早晨喝的就是香檳，也讓香檳因為明星而成為人們茶餘飯後的話題。

法國革命爆發後，無論是革命家或新興崛起的有產階級仍視香檳為身分地位的象徵，因而狂飲香檳。所以，酒終究是擺脫不了一些刻板印象。在法國有所謂「女人配香檳」，意思是說想要女人乖順，就讓她們喝香檳吧。也因此，香檳始終與華麗畫上等號。為解決法國革命、拿破崙亟欲掌握歐洲霸權所引發的一連串問題而舉行的維也納會議，也是全靠香檳才得挽救法國的危機。

會議中代表法國的外交大臣塔列蘭以美食與香檳周旋於各國間，讓整場矛頭對準法國的會議頓時失焦，守護住法國的權益。換句話說，法國人藉由香檳操弄了會議。維也納會議後，香檳更成為宴會中不可缺少的酒。西元十九世紀，瓶裝的香檳開始大量輸出至英國。

4　誕生於荷蘭卻在英國茁壯的琴酒

支撐荷蘭進軍海外的酒

工業革命喧囂塵上時期，英國最盛行的大眾酒就是琴酒。在「都市的爆發」時代，生活在急速持續不斷擴張的都市，其實周遭環境既缺乏衛生且悲慘。勞動階級甚至靠著琴酒替代飲食，以忘卻飢餓。

原本，琴酒是荷蘭人為進出海外所研發出的酒。西元一六四九年荷蘭萊頓大學醫學系教授法蘭西斯（通稱希爾維烏斯博士，西元一六一四～一六七二年），為更方便攝取具有利尿作用的柏科常綠樹「杜松子（Juniper berry）」，而利用酒精浸泡並蒸餾。

此酒有利尿、健胃、解熱之功效，原本是前往加勒比海域栽種甘蔗的荷蘭人所飲用的藥酒。因為當時正值環大西洋經濟圈成長時期，許多荷蘭人一舉移居熱帶的加勒比海域，來到氣候環境迥然不同的地區，急需得以調整腸胃的藥用酒。

希爾維烏斯博士為自己研發的酒取名為「Genever」，但他對謀利毫無企圖心，遂將專利權轉讓給荷蘭萊頓的藥局。沒想到藥酒竟大受好評而暢銷，讓眼光獨到的藥局大賺了一筆。事件的來龍去脈，聽來與可口可樂的問世頗為相似。

琴酒，是大麥、裸麥等混合後再加入麥芽予以發酵，之後又添加杜松的草根樹皮、芫荽等各種香草，最後蒸餾為無色透明、酒精濃度在百分之四十至五十的酒。

以單式蒸餾器蒸餾兩至三回的琴酒，仍留有原料穀物的香氣，再搭配上杜松子混合出頗為複雜的風味。總之，是既辛辣且強勁的酒。雖帶有獨特的樹脂味，反而深受人們所喜愛，成為足以代表荷蘭的酒，還出口到亞洲殖民地爪哇，供荷蘭移民飲用。由於荷蘭語的「Genever」與瑞士的日內瓦（Ginevra）讀音相同，法語拼音也是「Ginevra」，演變到最後則採英語縮寫「Gin（琴酒）」。

光榮革命即琴酒革命

因光榮革命（西元一六八八～一六八九年）英王詹姆斯二世亡命法國，英國從荷蘭迎來威廉三世（西元一六八九～一七〇二年）入主英國國王。威廉三世企圖讓荷蘭的琴酒流行於英國，因而一方面提高法國進口的葡萄酒或白蘭地之關稅，另一方面又允許部下進行母國「Genever（琴酒）」的生產。此外，他還對人民大聲疾呼：「身為真正的英國國民，就應該喝琴酒，因為琴酒的原料大麥是英國農民所栽種的作物。喝琴酒，就等於支持本國農民。」有人認為威廉三世為英國的立憲政治奠定了基礎，同樣地，他也是琴酒深入英國的一大推手。甚至可以說，當初威廉三世若未能成為英國國王，琴酒恐怕也難以影響英國如此深遠。

在英國，長久以來英格蘭西北部所釀製的蘋果酒始終是一般大眾的酒精飲料，直到威廉三世的獎勵政策，英國搖身變成「琴酒大國」。政治的干預開啟了酒的命運，琴酒也在英國展開了第二度的人生。

西元一六八四年至一七二年，英國的琴酒生產量從五十萬加倫增加到三百五十萬加侖，足足膨脹了七倍之多。不過由於價廉，民眾飲酒過量卻也造成嚴重的社會問題。西元十八世紀前期，琴酒甚至猶如庶民的替代飲用水，狂飲的結果讓每個人醉得像國王般痛快，為此琴酒也被稱為「Royal poverty（高貴的貧窮）」。

勞動階級不喝水而喝琴酒

當時在倫敦，比起「茶」、「牛奶」等，「琴酒」的價格要便宜多了，也促使更多人改喝琴酒。而且不僅是酒吧，就連理髮店或菸店也能買到琴酒。貧窮的人們常喝得爛醉，因酒釀成的犯罪也繁不勝數。更不幸的，小孩們也被餵食琴酒。

都市過密造成飲用水的汙染，最後甚至導致貧弱得無奶水的母親只好餵食嬰孩琴酒的怪象。有人描述：「十萬倫敦居民的主食，其實是琴酒。」來到西元一七三五年，英國琴酒的生產量已經高達約兩千萬公升，據推算包含嬰幼兒在內每天一人約喝下五公升的琴酒。

西元一七五一年霍加斯（William Hogarth）的諷刺畫《琴酒小巷》，就深刻描繪出「琴酒」毒害人們的景象。畫中畫出當時人們的人生百態，有爛醉而不顧嬰孩死活的母親、為籌酒錢而不惜拿鍋、壺典當的人們、還有迫於無奈而上吊自殺的人。

為解決琴酒飲用過量形成的社會問題，西元一七三六年議會依據提案將琴酒的課稅提高四倍，並規定必須擁有一定營業額的酒館（年繳稅五十英鎊的大眾酒館）才得以販售琴酒。以防止琴酒濫飲，也積極取締無照營業的大眾酒館。

面對此法令，懷著「剝奪窮人享受琴酒的樂趣」、「不人道的惡法」等諸多不滿的低層民眾猶如暴民般盡其所能襲擊、搶奪、破壞釀酒場。耐不住強烈的反彈，十五年後的西元一七五一年終於廢止該法令，不過長期以來的取締與暴亂，竟令製造劣質琴酒的小規模蒸餾酒場遭到淘汰。

添加砂糖的倫敦琴酒

工業革命的最盛期，也就是西元十九世紀初出現了連續式蒸餾器，使得大麥、玉蜀黍等穀類可以大量發酵、蒸餾製造出純度較高的酒精飲料，而後再以水稀釋，添加杜松子、芫荽、種籽、肉桂等增加香氣，就能量產出價廉的「琴酒」。由於在蒸餾過程即能除去不純物質，而後僅需杜松子增添香氣與調味，是相當簡單即能製造完成的酒。並以輕淡爽口的口感贏得人們的喜愛，而有了「倫敦琴酒（乾琴酒、大不列顛琴酒）」的稱號，受歡迎程度甚至凌駕重口味的荷蘭琴酒。

所有的倫敦琴酒又統稱「老湯姆琴酒（Old Tom Gin）」。因為西元十八世紀販售琴酒的業者極盡巧思，在櫥窗放置木雕的湯姆貓（公貓），當客人把錢放進貓嘴時，就會從腳的接管掉出琴酒，此購買方式蔚為話題，故也變成酒的名稱。如今看來，那應該是最古老的自動販賣機吧。受到砂糖大眾化的影響，琴酒也加入百分之一至百分之二比率的砂糖，變成甜味琴酒，並成為嶄新的大眾酒狂銷熱賣。

琴酒飲酒過量的事告一段落後，西元一八三〇年又出現琴酒添加苦味藥草的飲用方式。自此，以琴酒作為基酒，添加苦艾酒（Vermut，白葡萄酒加苦艾所調配的酒）的馬丁尼等各式各樣雞尾酒不斷誕生，琴酒予人的印象從此改變。這也是琴酒第三度人生的開始。西元一九二〇年代禁酒法令下的美國，雞尾酒成為掩人耳目的喝酒方式。無色、又能與任何飲料相配的琴酒，實在是最佳的雞尾酒基酒。由此，琴酒又在美國發展出嶄新的人生。因而有人說：「荷蘭人誕生了琴酒，英國人精煉了琴酒，美國人則賦予琴酒榮耀。」

5 獨立戰爭與波本威士忌

威士忌引發民眾暴動

美利堅合眾國在急速開拓邊境下，終於成為大陸型國家。也由於不斷擴展邊境，才有了今日的美國。基於「昭昭天命（Manifest Destin）」的觀念，在奪取西部廣大土地的過程中，也顯露出美國文明帶有積極樂觀進取的一面，另一方面卻也掩蓋不了暴力壓制原住民的蠻橫粗暴。

那些挑戰大自然的開拓者，一手拿著槍守護自身安全，一手拿著開墾蠻荒的斧頭，身上還繫著裝有玉蜀黍種籽的布袋，就那樣前進邊境地。玉蜀黍是任何蠻荒之地都能成長茁壯的植物，堪稱是開墾荒地不可缺的利器。對辛苦的開拓者來說，酒能給予他們短暫的歇息。不過，以玉蜀黍為原料的「波本威士忌（Bourbon Whiskey）」卻也是耗費了許多時間才釀造問世。最初愛爾蘭、蘇格蘭裔移民是引用歐洲傳統的釀酒方式，以裸麥、大麥釀造威士忌。而後，人們以賓州為中心也開始利用剩餘穀物釀造生產威士忌。

過去美國殖民地的工場就連一根鐵釘也得從英國本土進口，獨立戰爭爆發後，英國不願再提供材料建造工場。儘管武器彈藥嚴重缺乏，但在與英國對抗的法國波旁王朝的援助下，美國終於獲得勝利而獨立。

獨立協議達成的西元一七九四年，發生了美國第一起的民眾抗議活動，也稱為「威士忌暴亂（Whiskey Rebellion）」。起因是獨立戰爭而欠下大筆債務的美國政府，為了重振戰後經濟，遂於西元一七九一年對威士忌課以重稅。由進口糖漿等原料所釀造的國產酒，一加侖需課以十至三十分錢的稅，若是國產原料造的酒則課以九至二十五分錢的稅。

此舉令賓州超過五千家的小型釀造農家蒙受重大損失，先前英國本國針對殖民地課稅才引發獨立戰爭，如今卻又以相同手法對待自國人民。農民氣憤難消，殺害了聯邦政府的官員或放火燒毀查稅官員的家，因而引發大暴動。

賓州西部栽種穀物的農家，大半也從事威士忌釀造，那也是他們唯一的現金收入來源。可想而知，威士忌的課稅重創他們的家計。美國首任總統喬治・華盛頓（西元一七八九～一七九七年在任）派遣民兵隊逮捕多位農民，總算鎮壓了暴亂。不過遭逮捕的農民泰半因罪證不足而獲釋放，兩名遭判叛國罪者也因總統特赦而釋回。政府無意與農民做對，也讓暴亂終於得以收場，那些不滿威士忌課稅的農民紛紛移居肯塔基或田納西等地。威士忌的課稅政策最後也遭到廢止，直到南北戰爭為止。其實，第一任美國總統華盛頓（西元一七三二～一七九九年）與第三任總統湯瑪斯・傑佛遜（Thomas Jefferson）皆曾是威士忌蒸餾業者。

美國人偏好法國波旁王朝

西元一七八九年爆發法國革命，然而該年也是美國合眾國憲法生效，喬治・華盛頓就任美國首任總統。為紀念「建國之父」華盛頓上任美國總統，推出了以玉蜀黍釀造的「波本威士忌（Bourbon Whiskey）」。在法國革命之際，讚譽波旁王朝的酒卻在自由的美國國度誕生了，說來似乎有些諷刺。

西元一七八九年，居住在肯塔基州（西元一七九二年納入美國的一州）波本的牧師艾詰．克瑞格（Elijah Craig）以代表美國殖民地植物的玉蜀黍為主要原料，釀造出蒸餾酒，也就是玉蜀黍威士忌。

偶然間他將威士忌裝入桶內燒焦的木樽裡貯藏，沒想到竟釀出帶有獨特紅色與焦香味的美味威士忌，可說是因緣際會才得以成就的好酒。從此使用燒焦木樽熟成貯藏威士忌，就變成美國威士忌的獨特之處。帶有紅色色澤與焦味的「波本威士忌（Bourbon Whiskey）」孕育而生，艾詰．克瑞格也以「波本威士忌之父」而聲名大噪。

西元一六六九年，法國拉薩爾爵士是最初發現俄亥俄河南測肯塔基的歐洲探險家，同時他也是「路易斯安那」的命名者。

西元一七七四年，開拓者們建設哈洛茲柏格，也開啟了真正的開墾。「肯塔基（Kentucky）」的地名，由於在原住民卻洛奇族語是「牧草地」之意，不難想見當時是一望無盡的草原地帶。「波本威士忌（Bourbon Whiskey）」的出現，則是在開墾肯塔基的十五年後，也算是歷經千辛萬苦的開墾者孕育而生的威士忌。

「Bourbon Whiskey」的酒名，是為紀念當時支援美國獨立戰爭的法國波旁王朝（Maison de Bourbon）。此酒誕生之際，為獨立戰爭贏得勝利的波旁王朝在美國大受歡迎，甚至盛行為開拓地取名法國風的地名。波本的地名，是基於湯瑪斯·傑佛遜的提議，為感謝約克鎮戰役（Battle of Yorktown）中協助美軍的法國羅尚博將軍、路易十六而命名。

如今回想起來，法國革命爆發該年，法國民眾欲打倒的王室之名卻成為美國西部、甚至足堪稱美利堅合眾國「國民之酒」的酒名，基於美國獨立戰爭與法國革命的「人民革命」之現代觀點看來的確是不可思議的現象，不過在當年可說是再理所當然不過的事。

以玉蜀黍為主要原料的威士忌，由於釀造地主要集中在肯塔基州的波本，因此波本威士忌也稱為「肯塔基威士忌」。

是肯塔基？還是田納西？

關於波旁威士忌的製法，美利堅合眾國的酒造法令中嚴密規定五項條件：㈠原料的百分之五十以上必須是玉米，㈡必須在攝氏八十度以下蒸餾，㈢從貯藏槽取出時必須是酒精度數四十度以上、六十二點五度以下的液體，㈣使用內側烤焦的白橡木桶熟成兩年以上，㈤在攝氏四十度以上的溫度裝瓶。

西元一八三五年，從英國移居肯塔基州的詹姆斯・克羅（James Crow）以卓越的蒸餾技術，並利用白橡木桶熟成製造出純粹波本威士忌（Straight Bourbon Whiskey）之名品，讓「波本威士忌」穩坐象徵美國平民大眾酒的寶座。以他之名而命名的「Old Crow」至今仍是波本威士忌中的名品。西元一八五五年肯塔基州的勞倫斯堡（Lawrenceburg）設立了「WILD TURKEY」蒸餾酒場，並釀造出「波本威士忌」中最高等級的「野火雞波本威士忌（Wild Turkey）」。

在日本，最有名的波本威士忌「傑克丹尼（Jack Daniel's）」，在美國擁有「田納西威士忌」的美譽。西元一八六六年，年僅十五歲的傑克・丹尼在田納西州的林區堡（Lynchburg）設立了小蒸餾酒場，十八歲時他使用酸醪（Sour mash，以粉碎的玉蜀黍與大麥加入溫水，在加入酵母前所發酵產生的蒸餾廢液）釀造出屬於他的波本威士忌，堪稱是現在最具代表的波本威士忌，並行銷至世界各地。

西元十九世紀後期，以愛國心作為宣傳，波本威士忌終於變成美國人心目中的國酒。當時的廣告文案如此寫道：「法國人喝白蘭地，荷蘭人喝琴酒，愛爾蘭人喝威士忌，英國人則有黑啤酒，為什麼我們卻沒有我們自己的酒？」果然是擅於行銷大國的美國才想得出的點子啊！

6 為法國革命增添色彩的葡萄酒

葡萄酒是上帝，我是可悲的男人

西元一七八九年七月十四日巴黎民眾攻占巴比底監獄，被視為法國革命的導火線，但是休．強森（Hugh Johnson）在《葡萄酒的故事》提到，在事件的三天前民眾在葡萄酒走私業者等的引領下，燒毀了位於巴黎附近的某關稅門，受此刺激影響，關稅門連日相繼遭到攻擊，才繼而有了巴比底監獄事件。

自四百年前開始，巴黎市的入口即設有多處關稅門，以對特定物品徵收入市稅。其中葡萄酒的課稅極高，巴黎市內的葡萄酒價格是附近農村的三倍之高。然而，擁有不課稅特權的貴族卻可以攜帶便宜葡萄酒自由進入巴黎市。再加上耕作歉收，巴黎民眾吃飯都成問題更遑論享受葡萄酒，理所當然會把怒火對向不當抽稅的關稅門。

西元一七九一年，巴黎廢止葡萄酒的關稅，葡萄酒成為不受制限、可以自由流通於市場的商品。不過，入市稅畢竟是巴黎政府重要的收入來源，沒多久又恢復了葡萄酒的課稅，直到西元一八八二年改為減半，持續直到西元一八九七年廢止為止。

在保守派的貴族煽動下，懦弱且無能的路易十六持續對抗革命的結果，被除去了王位，並以「與人民敵對」之罪，於西元一七九三年送上斷頭台。據說行刑前夜，路易十六寫下了這樣的信：

「在凡爾賽宮，我無可選擇地過著奢華的生活。不過今天，神啊，我要讚美祢。我與古代諸賢明君王一樣，在我那位於小聖堂內的簡樸房間裡，一杯葡萄酒放在眼前，而我的朝代結束了。我內心的祭司，他混和葡萄酒與水，上帝與葡萄的結合。葡萄酒是上帝，上帝就是葡萄酒，決然不同於我的敵人們。（中略）我不再是國王，猶如毫無新芽的葡萄，不過是個遠離我自己、我孩子們的可悲男人。」（休・強森〔Hugh・Johnson〕小林章夫譯《葡萄酒的故事（下）》）。

主導革命的波爾多商人

在法國革命肩負主導權的富裕市民中，波爾多的葡萄酒商人（酒商，Negociant）又蔚為一大勢力。波爾多葡萄酒中，「白葡萄酒」需要二至四年的熟成期，「紅葡萄酒」則需要五至十年。因此擁有資金的波爾多葡萄酒商人有能力收購葡萄或葡萄酒，予以商品化後再出口至英國販售。

不過他們必須與持有葡萄酒釀造所（莊園，原本是指持有葡萄園的領主的宅邸）的貴族妥協合作，不得不成為雅各賓黨共和派右派的核心。葡萄酒商人不主張排除貴族，而是以穩見改革為目的。由於波爾多葡萄酒商人掌握雅各賓黨右派，因而也稱為「吉倫特黨[1]」，足見葡萄酒商人在當時的政治影響力。順帶一提，目前世界上的紅葡萄酒，約有半數是以波爾多地區的葡萄所釀造。

波爾多葡萄酒的運載出口港為波爾多，是面向加隆河的吉倫特河之出河港口。

1 因為葡萄酒商人多來自吉倫特省

加隆河與多爾多涅河匯流後變成了吉倫特河，從波爾多到吉倫特河河口約是八十公里的地帶，左岸的梅多克（Médoc）地區即是葡萄園蔓延的葡萄酒生產中心地。由於這層關係，吉倫特省有許多富裕的葡萄酒商人。

吉倫特黨在立法議會握有主導權後，為鞏固自己的勢力，遂要求法國對奧地利宣戰。可是持續苦戰的結果，不得不呼籲召集義勇軍參戰。

但平民大眾的參戰，促使革命朝向劇烈化發展，八月十日事件的結果造成王權落幕。也讓流亡貴族意圖復辟的計謀浮上檯面，最後路易十六遭到處死，共和派左派走向恐怖統治，革命更趨激烈化。當時，有兩百名波爾多葡萄酒商人遭到逮捕，其中十八人被處死。不過那些都敵不過拿破崙的大陸封鎖令，由於禁止與英國、歐洲諸國的貿易，對波爾多葡萄酒業者來說簡直是一大打擊，並重創仰賴出口葡萄酒至英國的波爾多。

第六章　酒填滿了巨大化的人工空間

1　為夜生活增添樂趣的「酒吧」

酒館的前身是旅店

工業革命後都市成為「生產地」，而且數目與規模倍增，鐵路、蒸汽船，以及二十世紀的汽車、飛機所構成的四通八達交通網，造就人群的移動，酒館逐漸變成都市夜生活的娛樂場所。愛迪生發明鎢絲燈泡後，入夜燈光綻放猶如白晝，夜晚活動的時間變長，也連帶促使酒館激增。由於人類的生活出現了第二個白晝，因而創造衍生酒的龐大需求量。

關於酒館的起源，原本其實是旅店。凱薩大帝（西元前一〇〇左右～前四四年）進攻高盧時，古羅馬軍的漫長行軍也衍生出軍需品供應線路，因而出現補給前線物資的補給站兼住宿設施，那就是「inn（可以遮蔽雨露的場所之意）」。

漸漸地，「inn」的周邊開始有人聚集定居，而「酒館」僅是那些住宿設施的一部分。直到西元四世紀以後，才出現所謂的酒館。在過去，「酒館」稱為「auberge（客棧）」或「taven（帶有居酒屋之意）」，源於日耳曼語的軍隊駐紮地「herberge」。但隨著時間演進逐漸區分開來，「inn」指的就是旅館，而「taven」則形似餐廳。

都市發展到西元十三世紀左右時，酒館從專營飲食的居酒屋分離出來，專門供應各地所產的「葡萄酒」，稱為「cabaret」，源於荷蘭語的「cabret」，意指「房間」。在英國，則出現飲用啤酒的「ale house」，並於西元十五世紀後期迎向全盛期。追尋此系譜會發現，西元十九世紀以後的酒館「public house」，即是後來的「pub」。不過當時的「pub」，還兼具城鎮活動中心的功能。

在「pub」，可以喝到傳統的愛爾啤酒、司陶特（Stout）啤酒，以及簡單的輕食。現在英國仍有約七萬間以上的「pub」，其中甚至還有西元十六世紀傳承下來的傳統酒館，不過據說六成以上的「pub」都是啤酒公司所經營。在法國，酒館則稱為「cabaret」或「taverne」。

西元十七世紀，由鄂圖曼帝國引進新的飲料咖啡後，也開始在歐洲流傳開來，從此「cabaret」也供應咖啡。但過些時日後又有了區隔，「cabaret」是指供應酒類的店，「cafe」則主要供應咖啡。

工業革命後，都市規模日益擴大，出現了表演娛樂秀的大型店，也稱為「cabaret」，例如紅磨坊或麗都都是以華麗的表演秀而聞名。而「cafe」也開始供應咖啡與酒類，逐漸變成當地人們的小酒館。

源起於美國西部的酒吧

相對於此，隨著「西部」急速開發而儼然形成的大陸國家美國，在開拓西部的最前線開始出現所謂的「saloon（寬敞的房間，大家可以輕鬆休憩的聊天室）」

餐飲店，這個名稱是法語「salon（客人可以歇息的場所、客廳）」的訛音。「salon」，是源自義大利語的「salone」，原本是法國建築術語，意指「私宅中專為接待客人用的房間」。

當時西部的餐飲店，是使用木樽威士忌再分裝入玻璃杯，以杯計量販售。不過，酒醉的客人總趁老闆不注意時偷喝酒樽裡的酒。業者遂架起堅固的橫木（bar），讓酒客不得靠近酒樽。圍起界線的橫木，漸漸變成了橫板，最後演變為面對面式的酒館，也就是「bar（酒吧）」。有一說，現在酒吧吧檯下可以掛腳的橫棒，其實就是源自當初的橫木。

來到西元一八三〇年代，酒吧又與「tender（看顧人、照料人）」有了連結，衍生「bartender（酒保）」一詞，因為酒吧裡必須有守護酒樽的保鑣。西元十九世紀後期，「tender」變成管理酒吧者，也稱為「barman」或「barkeeper」。

｜雞尾酒｜

混合不同種類與風味的調酒，因旅館酒吧的增加使其大為風行。

何謂酒保

西元十九世紀，世界各地展開鐵路的建設。為方便旅行者，鐵路車站附近開始出現豪華的旅館。紐約的舊華爾道夫旅館，就是那個時代最高級的旅館。來到西元二十世紀，都市又出現了短期滯留型的旅館，西元一九〇八年開業於紐約州水牛城的希爾頓旅館就是一例。第一次世界大戰後邁入大眾消費型社會，更加速旅館的建設，也出現了世界規模級的飲酒場所。

隨著旅館的酒吧的增加，促使雞尾酒進入全盛期，酒保站在吧檯內製作雞尾酒，並且是擁有豐富酒精飲料知識的專家。若說品酒師（sommelier）是精通各種葡萄酒的專家，那麼酒保就是精通各種酒的種類與風味、懂得混合各種酒調出客人偏好口味的雞尾酒之專家，而且他們還得擁有豐富的各種知識才能與顧客交談。

2 酒世界的「工業革命」

因應新興都市需求的大量生產

「都市的爆發」現象席捲歐洲，酒的需求增加也造成琴酒與威士忌的增產。正值工業革命的西元一八二三年，來自蘇格蘭北部（高地）的上院議員亞歷山大·格登（Alexander Gordon）提議降低小規模釀造所的稅金，此舉也讓私酒威士忌的時代宣告落幕。過去，蘇格蘭高地雖有為逃稅的威士忌私釀業者，不過畢竟是少數。

西元一八二六年，羅伯特·斯坦（Robert Stein）發明連續式蒸餾器，透過反覆的連續蒸餾，可以短時間蒸餾出大量的威士忌。西元一八三一年，酒稅監察官埃尼斯·科菲（Aeneas Coffey）又進行改良，更提升了連續式蒸餾器（由於他取得專利，故也稱為「patent still」）的效率。於是以格拉斯哥為中心的蘇格蘭南部地區

｜威士忌與蒸餾器｜

因連續式蒸餾器的發明使威士忌得以大量生產。

（低地），皆採用連續式蒸餾器大量蒸餾製造價廉的威士忌。

過去的蒸餾，必須先把發酵後的溶液放入蒸餾器，加熱沸騰直到抽出酒精成分的階段才算完成蒸餾。因此每回都必須取出先前的酒糟，重新放入新的酒糟才能再加熱。科菲改良的蒸餾器加裝了精餾裝置，只要依序加入發酵後的溶液，經過不斷反覆蒸餾即能剔除不純物，釀造出大量且高濃度的酒精。由於蒸餾過程的機械化，也使得大量製造蒸餾酒變得可行。

利用嗅覺混合的威士忌

以價廉玉蜀黍為原料，再透過連續蒸餾器釀造的穀物威士忌（Grain Whisky），使用的是蒸煮後的玉蜀黍再加入約百分之二十的麥芽，經過糖化、過濾和發酵，最後以連續蒸餾器抽取出純度達百分之九十五左右的無色透明酒精。

原本連續蒸餾器的開發是為了大眾酒琴酒，該機器可依據蒸餾成分區分沸點，並挑選出混雜氣味較少的酒精。因此只要使用連續蒸餾器，即可抽取大量無色無味的酒精，也就是穀物威士忌。

可以大量生產的穀物威士忌極為價廉，即使以泥煤炭燻蒸也無殘留氣味，但缺點也是毫無氣味可言。對照傳統的造酒法，以木樽等待熟成的麥芽威士忌（Malt Wisky或 Single Malt Whisky）產量雖少，卻具有強烈特色與濃郁風味。

不用多說，隨即有人企圖混合兩種威士忌以製造出更好的威士忌，而付諸實現的就是安德魯．阿舍〔Andrew Usher〕。自西元一八六〇年左右，人們開始盛行調和產量較少卻擁有獨特風味的麥芽威士忌，與得以大量生產卻無味的穀物威士忌。

於是在小規模釀造所蒸餾生產的麥芽威士忌，混合上大量製造的穀物威士忌，再裝入瓶中即是所謂的「調和麥芽威士忌（Vatted Malt Whisky）」，意味著在大木樽混合而成的威士忌。

由於採用約十五種至四十種的麥芽威士忌、以及三至四種穀物威士忌進行微妙的調整混合，為避免混染出不特定風味與氣味，因而需要嗅覺靈敏的專業師傅確保維持特定風味。也就是說，威士忌的品質保證取決於優異的嗅覺，師傅的鼻子足以左右威士忌的優劣。而這些發展，也造就了我們現在所見的市售威士忌。

西元一八七七年，為防止過當競爭，六家威士忌公司組織了英國蒸餾業者協會（D.C.L），協會收購了散落在蘇格蘭的小型麥芽威士忌公司，以獨占生產「調和麥芽威士忌」。西元一九八九年，該協會合併於以「金氏世界紀錄」而聞名的金氏公司。

不過，這些混合了穀物威士忌且能大量生產的威士忌，與以往的麥芽威士忌一樣稱為「蘇格蘭威士忌」，因而引來稱呼定位上的爭議，並且持續延燒到西元二十世紀初期。

葡萄蟲害讓蘇格蘭威士忌得以發揚光大

西元一八六〇年代以後，法國的葡萄根瘤蚜（葡萄根油蟲）之災導致歐洲的葡萄園毀壞殆盡，想當然耳，葡萄酒與干邑白蘭地價格暴漲。然而，也成為歐洲酒文化的一大轉機。由此，英國人開始喝「蘇格蘭威士忌」。說穿了英國成為威士忌消費大國，其實不過是近世紀的事。

西元一九〇八年，皇家委員會認為「威士忌是利用麥芽的酵素分解糖化穀物，經蒸發發酵後的酒麴所產生的精髓」，依此解釋說明只要是在蘇格蘭蒸餾的威士忌都是「蘇格蘭威士忌」。在激烈的爭辯後，麥芽威士忌與穀物威士忌調和的威士忌，終於在西元一九二五年視同「蘇格蘭威士忌」。從此，威士忌業者競相混合數十種的麥芽威士忌與價廉且得以大量製造的穀物威士忌，以期創造出獨特的風味。不過前提是，用於混合的麥芽威士忌與穀物威士忌，都必須是在蘇格蘭蒸餾完成，否則不得稱為「蘇格蘭威士忌」。

西元一九六〇年代，以綠色三角形玻璃瓶為賣點的格蘭菲迪（Glenfiddich，意指「鹿的峽谷」）蒸餾製造了麥芽威士忌，並冠以「單一麥芽威士忌（Single Malt Whisky）」之名，企圖復甦傳統「蘇格蘭威士忌」的風味，恢復威士忌既有的特色。在蘇格蘭北部山間從事蒸餾製造的「葛蘭利威（Glen Livet）」業者，也以單一麥芽威士忌獲得極高評價。近來，該業者將自家製的酒樽免費借給西班牙，那些酒樽使用在需兩年熟成的雪利酒「俄羅洛索（Oloroso）」後，再使用於「麥卡倫（Macallan）」的熟成，因而備受矚目。利用熟成過西班牙雪利酒的空木樽熟成威士忌，此創意構想是來自詹姆斯・斯托達（James Stodart），他在西元一八三五年創立釀酒公司，並釀造出足以名留蘇格蘭歷史的「施美格（Old Smuggler〔私釀造者〕）」蘇格蘭威士忌。普遍說來，熟成麥芽威士忌時採用的是波本威士忌的空木樽（而波本威士忌僅使用全新的木樽）。

出口至日本的蘇格蘭威士忌酒精度數幾乎都在四十三度，至於出口至英國的蘇格蘭威士忌，由於受限第一次世界大戰英國政府的抑制大麥消費政策，至今仍維持四十度的底限。

日本在明治四十四年開始販售威士忌，關東大地震的西元一九二三年才有了國產威士忌的釀造，地點在京都郊外的山崎。

3　成為冠軍的窖藏啤酒

何謂排除雜菌

率先讓酒得以大眾化的就是最傳統的酒——啤酒。啤酒如何走向商品化、大量生產，則得回溯到「商業革命」的時代。

當時，砂糖等環大西洋經濟圈商品與胡椒等亞洲特產品，全都匯集在佛蘭德斯（Flandre）地區斯卡爾普河河口的安特衛普（Antwerp），然後再零售至歐洲各地。西元一五三一年，安特衛普成立了世界第一家商品貿易所。儘管西班牙、葡萄牙在通往美洲或亞洲的航路開發下，成為急速成長的新興海運國家，然而與歐洲各地尚未發展出綿密的商業往來，所以仍需透過安特衛普地區，也帶動了此地區的繁榮。

安特衛普商人稱麥芽煮汁的發酵液為「愛爾（Ale）」，這種啤酒是可以大量製造的大眾商品。不過愛爾啤酒的缺點是，酒精度數低、不易保存。若未進行防腐，則難以成為商品。為此，精明的安特衛普商人留意到添加啤酒花的德國啤酒。由於啤酒花具殺菌效果，不僅降低商品腐敗率，也提高了良品率。

位於歐洲大陸內陸的慕尼黑，冬季與夏季的溫差大，在冬季釀造啤酒，來到夏季時則容易繁殖細菌造成腐敗。因此，啤酒業者將釀造完成的啤酒裝入酒樽，貯藏在地下室，藉由冬季結冰的河川冷凍保存。經過如此釀造貯藏的啤酒，又稱為「窖藏啤酒Lager Beer」，有「貯藏的啤酒」之意。

因安特衛普商人卓越的商業頭腦，添加啤酒花且能長期保存的啤酒開始流傳於歐洲各地。荷蘭人稱這種啤酒為「schopen」，並進而衍生出法語的「chope（啤酒杯）」。

低溫啤酒與常溫啤酒的競爭

啤酒腐敗的原因是細菌繁殖，抑制方法有二，一是在開始發酵階段添加大量酵母，讓細菌失去繁殖的空間，二是在細菌難以繁殖的低溫下發酵啤酒。只要低溫之中還能產生足以發酵的酵母，當然是後者的技術較為實用且容易。

為此，人們開始尋找在低溫中仍還能發酵的啤酒酵母，幾番折騰後，終於發現耐低溫的啤酒酵母。如前所述，德國巴伐利亞的啤酒釀造師們在秋季末將啤酒貯藏在洞窟，翌年春天再取出啤酒。這些窖藏啤酒（Lager Beer）的酵母，在發酵最終階段會沉澱，因而稱為「下面發酵酵母」，此種發酵則屬「下面發酵」，以區別過去一般的「上面發酵」。至於上面發酵，指的是不沉入底層浮在液體中的發酵酵母，利用這種酵母釀造的啤酒稱為「Stout（司陶特啤酒）」或「Ale（愛爾啤酒）」。

在凱薩大帝入侵以前，英國就已經釀造愛爾啤酒，西元十八世紀前期名叫哈伍德的啤酒商混合三種類的愛爾啤酒，製造出富營養價值的「波特啤酒（Porter，搬運工人）」，因而大受歡迎，同時也是重勞動工人愛喝的啤酒。

相對於此，酒窖酵母所釀造的啤酒則屬於高級品，例如西元一八四二年在捷克西部皮爾森（Pilzen）釀造的「Pilsner Urquell（皮爾森啤酒）」，或也簡稱

「Pilsner」。採用優質的慕尼黑產啤酒花所釀製的皮爾森啤酒，帶有溫柔的芳香，並透著太陽般淡黃金色的色澤。相較於愛爾啤酒的黝黑，皮爾森啤酒的顏色則像溫暖的太陽。

工業革命後的西元一八七四年，氨冷媒的冷凍庫登場，在人為介入下終於得以低溫且長期持續發酵啤酒。而後，丹麥的韓森科學家研發出窖藏酵母的純粹培養技術，原本屬於特定地區的窖藏酵母從此得以量產，而且流傳於世界各地。從此，窖藏啤酒統治了世界的啤酒界，愛爾啤酒卻轉為產地型的啤酒。

何謂愛爾啤酒

日本三大啤酒公司所釀造的啤酒，近百分之九十九以上都是「窖藏啤酒Lager Beer」。屬於窖藏酵母的下面發酵，需要四週至六週的製造期，比起兩週即能完成的上面發酵更耗時間，不過卻能保持一定的品質，只要冷藏即能長期保存。

相對於酒窖啤酒，使用常溫發酵酵母的是上面發酵的愛爾啤酒。愛爾酵母屬於常溫發酵，因為容易繁殖出其他的細菌或野生酵母，微妙不一致的風味是其一大特色，也是未釀造完成即無法預測風味、與自然變化息息相關的啤酒。不過，偶而還是可能釀出噁心或酸掉的啤酒。由於難以維持風味的一致性，對於需要大量生產、並且保持品質均一的「商品」來說，窖藏啤酒還是較適合。

使用愛爾酵母釀造的啤酒繁多，最具代表的是英國的「Ale」或帶有啤酒花苦味的「Bitter」、德國巴伐利亞特產的「Weizen」、杜塞道夫的「Altbier」、科隆釀造的溫醇「Kölsch」等。

愛爾酵母的發酵溫度在攝氏十多度，無需冷藏，常溫即可飲用。曾一時受窖藏啤酒影響而導致銷售量下滑的愛爾啤酒，也逐漸成為那些不滿足於大廠均質化啤酒的人們之喜愛。

讓啤酒得以量產的發明

人們企圖讓啤酒得以透過生產線生產，然而卻碰到棘手的狀況，就是如何完成啤酒入瓶後的密封低溫殺菌技術。儘管西元十九世紀初拿破崙時代即出現裝瓶技術，但透過機器密封大量的啤酒瓶卻不是容易的事。最後，是由美國研發出這項大量生產的技術。擁有龐大消費市場的美國，需要經由鐵路運輸啤酒，若無法量產得以長期保存的啤酒，根本不敷利潤。再加上平民當道的美國，偏好的即是可以簡單飲用的啤酒。

面對大量生產，當然少不了西元一八七〇年代以來的攝氏六十八度至七十二度蒸氣殺菌技術。再加上，西元一八九二年美國人威廉・潘特（William Painter）發明了「鋸齒瓶蓋（crown cork）」，終於解決了如何簡單拆除的密封瓶蓋之問題。換言之，啤酒生產線上的裝瓶作業，最困難的問題其實是如何讓消費者能簡單拆除瓶蓋。

啤酒裝瓶直到瓶蓋的密封得以流程化後，才可能大量生產。想當然耳，瓶口與瓶蓋也需穩合，並且規格化。取得專利後，帶有二十一個鋸齒的「瓶蓋（crown cork）」，如今仍通用世界各地。

西元一九二〇年，美國率先全世界帶動冰箱的普及，也造成一九三〇年代以後的窖藏啤酒需求量暴增。美利堅合眾國的啤酒產地是密爾瓦基（Milwaukee），其地名是源自原住民的「近水的聚集地」。密爾瓦基是威斯康辛州最大的城市，也是連結五大湖與聖羅倫斯水路的交易據點。由於多德裔移民，自古以來就擁有啤酒工場，並透過水運與鐵路運送啤酒至他地區。

現在，世界的啤酒生產量已超過一億公秉。世界最大的啤酒消費國是美利堅合眾國，消費量是第二名中國的一點五倍以上。不過，若論及每人平均一年的消費量，卻由傳統型啤酒為主流的歐洲遙遙領先，第一名的捷克每人平均可以喝掉一百五十七公升的啤酒，其次則是愛爾蘭、德國、澳洲，而每年每人喝掉一百公升啤酒的國家也有將近五國之多。

4 因低溫殺菌成為世界商品的葡萄酒

熟悉葡萄酒的路易．巴士德

工業革命後，都市有產階級的葡萄酒需求量激增，因為鐵路讓酒得以大量運輸。不過，運輸中所造成的腐敗仍無法避免。於是，防腐成為葡萄酒商品化的大前提，殺菌技術顯得勢在必行。

而路易．巴士德（Louis Pasteur）（西元一八二二～九五年）克服了這項難題。路易．巴士德釐清解開發酵的結構，研發出低溫殺菌技術，讓葡萄酒得以長期保存。此發明也讓葡萄酒邁入大量運輸、大量生產的時代，因為巴士德低溫殺菌技術無損風味，還能防止酒的腐敗。

路易．巴士德出身自法國著名的葡萄酒產地勃根地東側、與瑞士交接的多爾（Dole）。多爾的葡萄酒，曾進貢給法蘭西一世（西元一五一五～一五四七年在位）或亨利四世，同時也出口至荷蘭、瑞士、德國等地。

其中最有名的粉紅葡萄酒（Vin rosé，折衷了紅葡萄酒與白葡萄酒的製法釀造出粉紅色葡萄酒），就是產自阿爾布瓦（Arbois），西元一八二二年路易．巴士德誕生於此。在巴黎的學校修得化學課程的巴士德，於西元一八四六年擔任實驗助手，而後加入西元一八四八年的二月革命，一時中斷研究。

西元一八五八年，也就是他三十六歲時發生了大批多爾葡萄酒腐敗的事件，可說是重創故鄉的危機。也因為那個事件，巴士德開始投入微生物的研究。西元一八六四年，他在故鄉的阿爾布瓦設置臨時研究室，並在友人葡萄酒酒窖的協助下，透過顯微鏡觀察研究。在那裡既是葡萄酒生產地，當然不虞發酵研究的素材。

低溫五十五度取決於「葡萄酒博士」的直覺

西元一八六三年，法國輸出的五百二十萬公秉、相當於約五億法朗的葡萄酒竟腐敗毀於一旦。為了安定撐起法國經濟的葡萄酒產業，拿破崙三世（西元一八五二～一八七〇年在位）仰賴當時默默無聞的化學家巴士德進行防腐研究。經過兩年的研究，巴士德終於了解酒精酵母在糖分轉換為酒精的階段扮演著重要的角色，所以他推測是其他的細菌引發了腐敗，並利用兩、三種化學藥品企圖抑制細菌的繁殖，然而卻失敗了。

於是巴士德突發奇想，改由加熱殺死細菌。但是，溫度過高時則有損葡萄酒的氣味與風味。由於葡萄酒是酸性且酒精濃度在百分之十左右，對細菌來說不是有利生存的環境，因此判斷低溫或許可以抑制細菌的活動。

然而，溫度的設定卻是一大考驗。為了不損葡萄酒的風味，又要殺死細菌，究竟應該如何是好？沒想到最後竟是直覺解決了難題。由於巴士德長年研究葡萄酒，逐漸累積了經驗，他憑直覺將溫度設定在五十五度，經過數分鐘的加熱，瓶中的葡萄酒不再引發腐敗。最後證明，他的直覺果然神準。

西元一八六六年，巴士德在科學院報告研究結果，並公布低溫殺菌法。他的殺菌法，可以使用於葡萄酒、啤酒或牛乳等長期保存，也為世界的酒文化帶來重大的轉機。既可以長期保存釀造酒，自然也走向大量生產的道路。此低溫殺菌技術，更以巴士德之名命名為「巴士德消毒法（Pasteurisation）」。

巴士德為了普及低溫殺菌法，又透過巴黎的全國葡萄酒業者工會研究比較殺菌瓶與未殺菌瓶的葡萄酒，結果實驗證明「巴士德消毒法（Pasteurisation）」的有效性。

鐵路造就下的波爾多葡萄酒

讓法國葡萄酒得以享譽國際，其實全靠命令改造巴黎、造就「花都」巴黎的拿破崙三世。

法國革命當時，巴黎喝到的葡萄酒皆來自近郊巴黎大區（Île-de-France）的廉價摻水葡萄酒，根本喝不到勃根地或波爾多的優質葡萄酒。礙於運輸交通不發達，當時的葡萄酒僅是特定地方的產地酒。畢竟，馬車是唯一的運輸工具。

西元一八五二年，路易·拿破崙（而後的拿破崙三世）掌握政權，他希望藉由鐵路建設、銀行及股份公司改變法國社會。西元一八五五年，連結巴黎與波爾多的鐵路開通，然而在此之前法國內陸幾乎毫無連結，長久以來輸往倫敦或阿姆斯特丹等海外市場的波爾多葡萄酒，從此得以透過鐵路輸往國內最大消費地巴黎。

西元一八五五年，拿破崙三世為彰顯國威舉辦了巴黎萬國博覽會。他欲以法國的輸出商品波爾多葡萄酒款待各國元首、外交使節，故要求波爾多工商協會為葡萄酒制定等級，企圖抬高葡萄酒的身價。

工商協會則委託葡萄酒買賣仲介工會，將當時梅多克（Médoc）地區的紅葡萄酒分為一到五級，梭甸（Sauternes）的白葡萄酒區分為一級、二級。

由於拿破崙三世將最高級的「一級葡萄酒」贈予英國維多利亞女王，波爾多葡萄酒的名聲從此傳遍法國。於是在法國內外的積極推動下，波爾多葡萄酒成為了高級葡萄酒的代名詞。

西元一八五七年，數家鐵路合併發展出PLM（巴黎—里昂—地中海）鐵路，法國最大葡萄酒產地朗格多克（Le Languedoc）、胡西庸（Roussillon）可以直達巴黎，大量價廉的葡萄酒得以輸往巴黎的消費市場。如此的變化，也促使專業製造葡萄酒的農家倍增。

西元一八六〇年，基於自由貿易原則法國與英國締結關稅協定，更促進波爾多葡萄酒的出口。因為大都市的出現、都市富裕階層急速增加之趨勢，波爾多葡萄酒變成世界品牌的象徵，也是法國葡萄酒產業的龍頭。而拿破崙三世，堪稱是為波爾多為首的法國葡萄酒產業奠定基礎的偉大幫手。

高級葡萄酒在英國大行其道

弗朗索瓦·高斯耶（Jean-Francois Gauthier）在《葡萄酒的文化史》提到，根據西元一九九〇年針對西歐九國、共一萬八千人為對象的調查顯示，習慣飲用葡萄酒者約占百分之三十五，習慣飲用啤酒者約是百分之三十四。也就是說在西歐，出現了葡萄酒與啤酒對峙的拉鋸戰。

在義大利、法國、西班牙是葡萄酒居於優勢，相較之下，在荷蘭、英國則是以完全不喝葡萄酒的人或偶爾喝的人居多。西元十七世紀稱霸歐洲、掌握歐洲經濟大權的荷蘭，以及在西元十八、十九世紀繼而成為歐洲強權的英國竟然都屬於啤酒圈。

不過，荷蘭、英國的富裕階級為彰顯自己的社會地位，其實也偏好稀少昂貴的勃根地或波爾多的葡萄酒、白蘭地、香檳等。

舉例來說，西元十九世紀後期的法國，即使葡萄的耕作面積減少，葡萄酒的生產量仍增加了一點八倍。進入西元二十世紀後，為消弭製造不純葡萄酒的「不當行為」，也為提高商品價值，還出現了葡萄酒的法令制約。

西元一九〇七年，法令規定葡萄酒「必須是採用新鮮葡萄或新鮮葡萄果汁，並經過酒精發酵所製成」，顯示官方開始主動取締不法的釀造。

何謂侍酒師

為確保葡萄酒商品的品質，法國開始為葡萄酒設定等級，波爾多、勃根地、羅亞爾（Loire）、亞爾薩斯（Elsàss）、普羅旺斯等屬於法定產區葡萄酒（Appellation d'Origine Contrôlée）（簡稱ＡＯＣ），並設定原產地名稱制，進行嚴格審查。不過，在平時並無飲用葡萄酒習慣的英國等地，欲具備過於繁複的葡萄酒知識，終究有些強人所難。因此，法國料理餐廳特別安置了擁有豐富葡萄酒知識的「侍酒師（sommelier）」，以因應顧客的諮詢。

「sommelier」源於古語的「saumalier」，原是指中世紀領主外出旅行、戰爭之際負責運載食糧、武器等的僕役，之後衍生意指負責保管貴重物品的金庫管理員，最後則用來稱呼管理、負責葡萄酒庫的人員。在法國，「侍酒師」熟知餐廳葡萄酒庫的葡萄酒狀態，並能適時因應顧客的點餐或需求，足以彰顯出餐廳的水準等級。不過，在葡萄酒圈以外的地區，「侍酒師」有時還得擔負起介紹異文化的角色。

如同出身波爾多的諾貝爾文學獎作家弗朗索瓦．莫里亞克（François Mauriac）在《某人生的的開始》所敘述的：「該說原本就流著蒙田的血嗎？（中略）關於不相信虛構想像的事物，（中略）能超越波爾多的城市恐怕極少吧。（中略）波爾多人幾乎不可能搞錯葡萄酒（中略）。他們只要稍微聞聞、嘗個二、三回，就能知道葡萄酒的年代、產地、甚至估算出價格。（南部全司翻譯）」所以，文化素養是天生養成的，欲培養與異文化並駕其驅的飲酒文化其實不是件容易的事。也因此，我們才需要侍酒師。

蒸汽船所帶來的葡萄酒危機

不過，某件意想不到的事卻動搖了葡萄酒文化。西元一八六三年，南法亞爾（Arles）附近的葡萄園出現葡萄葉枯萎、不結果實的現象，三年後所有的葡萄都枯死。原因竟是葡萄根瘤蚜（phylloxera，葡萄根油蟲），是一種會依附在葡萄根部的油蟲，它們會啃食殆盡葡萄根。

之後，葡萄根瘤蚜蟲害更加猖獗，二十五年間歐洲五分之四的葡萄園全遭蟲害毀盡。如此可怕的災害其實是源自美國進口的研究用幼苗，本來是為研究出足耐白粉症的葡萄株，沒想到卻把葡萄根瘤蚜的油蟲也帶進歐洲。

過去以來，歐洲即從美國進口葡萄幼苗，卻未曾引發那樣的災害，不禁令人百思費解。不過，隨即也解開謎團。原來是西元一八六〇年代海上運輸發生了革命性改變，葡萄幼苗運送的速度比起過往更加快速。取代帆船的蒸汽船，僅十天的時間即可橫越大西洋，於是活生生的油蟲被原封不動帶入歐洲，很快繁殖蔓延開來。是由於蒸汽火車的啟用，促使波爾多葡萄酒的商品化，但諷刺的是蒸汽船的啟用卻引來葡萄根瘤蚜蟲害，令歐洲葡萄園陷入滅絕的危機。近代文明就像一把雙面刃，為人類的社會帶來種種的正負影響，直到今日依舊不變。

葡萄的危機，令偏好葡萄酒的歐洲人萬分焦慮，害怕會奪去人生最大的樂趣。苦心反覆實驗的結果，西元一八八一年在波爾多召開的國際會議中提出葡萄根瘤蚜蟲害對策，方法是以硫磺消毒葡萄樹、使用對葡萄瘤蚜蟲免疫的美國種葡萄樹作為插枝的母株，最後總算解除了危機。

可是，之後卻又引發葡萄樹的黑死病，威脅波爾多葡萄酒的災難不斷，堪稱是葡萄酒受難的西元十九世紀末。關於葡萄的黑死病，最後靠著以硫酸銅混合生石灰的「波爾多殺菌劑」解決問題。不過接連不斷的災害，此使得法國三分之一的葡萄園消失殆盡，無美國種葡萄樹作為插枝母株的純歐洲種葡萄樹徹底絕種。嚴格說來，所謂傳統的歐洲葡萄酒，其實早已在那場災難後變成國際混血的葡萄酒了。

法國葡萄酒的危機，也促使葡萄酒業者移居海外各地尋求事業的生機。葡萄業者的大遷移，讓葡萄酒商品的生產得以擴及到西班牙伊布羅河上游的里奧哈（Rioja）、美國的加州（California）、智利的中央谷地（Central Valley）等地。

5 令梵谷的人生走向毀滅的大麻酒

綻放綠色色澤的廉價酒

西元十九世紀，庶民偏好飲用酒精濃度強的大麻酒（Absinthe），因而常引發酒精中毒症狀，直到第一次世界大戰後這種酒才消聲匿跡。如今是難以取得的傳說之酒，但在當時的歐洲卻是擁有眾多愛好者的大眾酒。

受到法國革命的影響，就在歐洲處於動盪的時期，瑞士的納沙泰爾釀造出強烈的利口酒（帶有甜味、散發芳香的酒）「大麻酒（Absinthe）」。以苦蒿的學名（Artemisia absinthium）命名的大麻酒，是混合了苦蒿、大茴香等十五種香草發酵製成的綠色酒，加了水後會變成濁白色。傳說是撒旦被逐出天國來到凡間時，偶然在某山中的修道院裡喝到此酒，由於喝後飄然忘憂，遂廣加流傳此酒的製造方法。

大麻酒是酒精度數在六十五度至七十九度的烈酒，墨西哥的龍舌蘭是五十度，俄國的伏特加是四十至五十度，相較之下大麻酒的酒精度數遠遠超過許多。因此，不可能「生」飲這種透著美麗綠色色澤的酒，必須以水稀釋呈白濁色再喝，也就是日本「水割（Mizuwari）」的喝法。

大麻酒是製造藥草藥劑聞名的法國醫生歐丁內里（Dr. Pierre Ordinaire）研發的處方，西元一七九七年交給業者亨利・路易・保樂（Henry-Louis Pernod），他於瑞士開設保樂・菲爾斯（Pernod Fils）公司並製造生產。拿破崙就任法國皇帝的翌年（西元一八〇五年），法國的蓬塔爾利耶也開始釀造，由於氣味芳香且色澤迷人，再加上價格便宜，立刻深受各階層歡迎。直到現在，「保樂（Pernod）」仍是世界知名的酒。

在西元一八四〇年代，大麻酒甚至是法國陸軍的退燒劑或消毒劑，更是非洲殖民地法國人的必備品，因為可以緩和水土不服的高燒，或也用於消毒髒汙的水。猶如荷蘭移民與琴酒的關係，英國海軍與蘭姆酒的關係，法國的陸軍也與大麻酒有著密切的關連。

沉溺大麻酒的保爾·魏爾倫

西元一八六〇年代以後，法國葡萄園遭遇「葡萄根瘤蚜（葡萄根油蟲）」之害，近四分之三的葡萄遠毀於一旦，葡萄酒價格飆漲。葡萄酒簡直像不可高攀之物，於是許多庶民開始飲用摻水的大麻酒。不過習慣烈酒後，摻水的量也逐漸遞減。最後常飲烈酒的結果，開始陸續出現酒精中毒症。

常飲大麻酒者陸續出現酒精中毒現象，例如毫無工作意欲、犯罪等屢屢引發社會問題。許多藝術家也是大麻酒的擁護者，例如莫泊桑、保爾·魏爾倫、高更、莫內、竇加、畢卡索、海明威等，其中象徵派詩人保爾·魏爾倫（西元一八四四～

一八九六年）、擅長描繪酒館酒女與顧客的畫家羅特列克（西元一八六四～一九〇一年）等人都因大麻酒酒精中毒而結束悲慘的一生。梵谷（西元一八五三～一八九〇年）也曾在畫自畫像時割掉自己的左耳，甚至企圖自殺等，也許就是常飲大麻酒引發的精神異常。常飲大麻酒的結果，的確會出現幻覺或精神錯亂，並且做出一般人所難以想像的犯罪事件。

於是有人懷疑大麻酒是否有成癮性，容易誘發人類精神層面的異常，調查的結果顯示，大麻酒主要原料的苦蒿中含有某種有害人類神經系統的化學物質，會引發酒精中毒的症狀。

在第一次世界大戰消失匿跡的大麻酒

第一次世界大戰（西元一九一四～一九一八年）爆發，法國政府認為大麻酒令人民萎靡不振，遂在西元一九一五年三月一日禁止飲用。這也是基於大麻酒會引發不孕症，恐造成人口減少的憂慮。於是在法國，一時乏人問津的葡萄酒又再度復甦。在瑞士，人民投票的結果也決定禁止大麻酒的製造，而後義大利也仿效跟進。

現在，「Pastis」是仿效大麻酒風味的酒，也是法國最普遍的酒精飲料。「Pastis」，其實就是仿效大麻酒製造（se pastiser）的意思。保樂·菲爾斯（Pernod Fils）公司所生產的「Pastis」，不使用生鮮的苦蒿，而採用陰乾的苦蒿葉與花苞，並分為酒精度數在四十五度與六十八度的兩種。「Pastis」加水後也不呈白濁色，而是變成偏綠的黃色。

6 因黑幫艾爾・卡彭而設立的禁酒令

無酒的「黃金二〇年代」

淪為第一次世界大戰戰場的歐洲，隨之沒落，漁翁得利的美利堅合眾國成為世界最大的「債權國」，也是所謂的「美國強權之下世界安定和平（Pax Americana）」時代的來臨。在「黃金二〇年代」的經濟繁榮下，每五位美國國民即有一人擁有價廉的福特T型車、再加上家庭電氣化、好萊塢電影、以及播放爵士樂或職業運動比賽的電台盛行，讓人們的生活從此改頭換面。那時代的美國人不在乎僅流於理論性的民主主義，而是以實踐付諸努力必然獲得的經濟型民主主義為傲。大量生產及大量消費也構成了「American Way of Life（美國生活方式）」的大眾消費社會型態。

但從另一個觀點來看，也有人稱之為「怒吼的二〇年代（The Roaring Twenties）」，因為那既是大眾消費社會的時代，也是衍生西元一九二九年世界經濟大恐慌的時代。如此的二〇年代，美國竟於西元一九一九年頒布禁酒令（西元一九一九～一九三三年），禁飲酒精度數在百分之零點五以上的酒，理論上，是美國無酒的時代。

推動禁酒令的是以盎格魯撒克遜人新教徒為首的「全國禁酒黨」。他們認為唯有如此，才得以建立起「無酒」且具有道德感的美國。在一片前景看好、追求物質享受的大量消費時代，美國卻在西元一九二〇年至一九三三年的十四年間依法禁止飲酒，說來的確有趣。換言之，美國的繁榮，在表面上其實是無酒精的繁榮。然而大眾暗地尋酒，卻也造成供應酒的非法組織集團急速壯大。與大量消費社會脫節的禁酒令，也因而衍生許多有趣的故事。

非法酒館與「獅子的尿」

第一次世界大戰期間，許多女性也加入「全國禁酒黨」積極推動組織反沙龍聯盟（Anti-Saloon League），並以「酒是萬惡之源」為口號展開禁酒運動。西元一九一九年一月聯邦議會採納憲法第十八修正案，十月即迅速通過全國禁酒法令，禁止「酒類的製造、販售、搬運」。

但是，此法令猶如虛設的法令。西元一九二〇年一月禁酒法令實施的當時，美國全國僅有一千五百二十位取締官，而且法律生效以前所購買囤積的酒並不在取締範圍內。

因此，有「地下市長」之稱的艾爾．卡彭（Al Capone）（西元一八九九～一九四七年，本名艾爾方斯．加百列．卡彭，由於臉頰留有刀疤，故又綽號「疤面」）所組織的黑幫積極經營嗎啡、私酒、非法酒館的販賣，與警察或FBI之間不斷上演火熱的攻防戰。尤其當時經濟呈現空前的活絡，酒更是不可缺少。禁酒令實施前，紐約約有一萬五千家的酒館，相較之下法令實施期間卻出現三萬五千家非法酒館。看來人們愈是被禁止愈想弄到手，此奇妙的現象頓時在美國各地蔓延開來。據推測當時人們平均一年偷喝掉二億加侖的烈性酒、六億八千萬加侖的啤酒等低酒精飲料、一億兩千萬加侖的葡萄酒。

黑社會頭號人物艾爾·卡彭，他接手強尼·托里奧留下黑幫組織，成為黑社會的領袖，涉及販買私酒、賭博及娼妓。他擁有七百名隨從、一百六十一家非法酒館，並在墓園等地私釀名為「獅子的尿」之劣質酒，還從加拿大走私高級威士忌。單單西元一九二七年，就獲利高達一億五千萬美金。

艾爾·卡彭也收買議員、法官、警察以期獨占利益，還使用機關槍或手槍於幫派的火拼決鬥。西元一九二九年引發的「情人節大屠殺（St. Valentine' Day Massacre）」，即有近五百名黑幫分子喪命。該年，還發生了世界經濟大恐慌。最後，艾爾·卡彭遭到逮捕。西元一九三一年，以逃稅罪名遭判處十一年徒刑。西元一九三九年假釋出獄時，據說已因梅毒而半身不遂。

而後，為鼓勵美國人民從世界經濟大恐慌的低迷中走出，西元一九三三年富蘭克林·德拉諾·羅斯福總統（西元一九三三～一九四五年在任）解除了禁酒的相關法令。

看準龐大的威士忌市場

西元一九三三年，憲法第十二修正案通過，聯邦議會決議禁酒的憲法第十八修正條例失效，該年十二月五日羅斯福總統親自宣告廢止全國禁酒令。歷經十三年十個月又十九天的「無酒時代」，終於畫下句點。過去長期禁止酒生產的美國，立刻成為釀酒業者眼中的大餅。威士忌的熟成需要一定的年限，因此美國本土的威士忌產業直到成熟發展也需要數年的光陰。

於是，加拿大的業者成為禁酒法令廢止後的最大受益者。在禁酒時代，加拿大就是美國秘密的威士忌供應基地，當時早已稱霸美國龐大市場的加拿大釀造業者如今更能冠冕堂皇開始做生意。

加拿大威士忌（Canadian Whisky），最初是因為英國殖民地加拿大的穀物生產過剩，製粉業者只好採蒸餾尋求出路。之後，由於豐富水源而持續釀造的加拿大威士忌，更是幸運遇上鄰國美國的禁酒令。二〇年代是美國建國以來最得天獨厚的時期，加拿大的威士忌業者因適時供應了美國非法的大量需求，也同樣起了飛躍性的成長。其中，最能代表加拿大威士忌的就是「加拿大俱樂部（Canadian Club，簡稱C.C）」。

碰巧遇上禁酒令廢止，於是在美國的威士忌產業復興以前，加拿大的釀酒業者奮發領先搶到美國的巨大市場。在這些釀酒業者中，施格蘭（Joseph E. Seagram）率先預測到禁酒令的廢止，一九三四年秋天他將名為「施格蘭王冠（Seagram’s 7 Crown）」的淡威士忌銷往美國。渴求酒精的美國人立刻愛上這種威士忌，並且逐漸習慣此風味。也因此，直到今日「施格蘭王冠（Seagram’s 7 Crown）」仍是美國人最愛的威士忌之一。

長驅直入美國的名船順風號

英國的蘇格蘭威士忌（Scotch Whisky）也不遑多讓，倫敦的威士忌製造業者貝利（Francis Berry）也是搶得先機的勝利組。他調製了美國人偏好的淡味威士忌，並貼上畫家朋友麥克維的手繪帆船黃色酒標，以「順風（Cutty Sark）」之名成功打入美國市場。現在，「順風（Cutty Sark）蘇格蘭威士忌」與「J&B蘇格蘭威士忌」、「黑白狗（Black & White）調和蘇格蘭威士忌」仍是美國人心目中的三大威士忌。

被作為酒標的「Cutty Sark」，其實是運輸來自中國紅茶的運茶快艇（Tea Clipper）。也許是基於希望早日將威士忌運往無酒的美國市場，貝利（Francis Berry）才會聯想到以這個圖案作為酒標吧。關於「順風號Cutty Sark」，以下就簡單做個說明。

西元一八四二年，在鴉片戰爭戰勝的英國，公然夾帶大量鴉片到中國，並要求進口中國的紅茶。這些運載來自中國紅茶的木造帆船就稱為「運茶快艇（Tea Clipper）」。每年新茶出產期，最先運送抵達的紅茶，即能在引頸企盼的英國賣得好價錢。為此，商人重金聘請可以運送剛採收紅茶的帆船，也引發運茶快艇間的激烈競爭。

西元一八六六年，打從福建出發的十七艘快艇加入競爭的行列，其中三艘更打破紀錄，以平均七海里（一海里是一點八五公里／小時）、共九十九天的時間行走福建與倫敦間。由於一般帆船最快速的行駛速度是十四點一五海里，那般的速度可說非常驚人。「順風號Cutty Sark」又名「海的貴婦」，是全長約八十五公尺、寬約九公尺造型迷人的輕巧快艇。船名的由來，是源自蘇格蘭民間故事中女巫南妮穿著的「短裙（蘇格蘭的蓋爾語則是Cutty Sark）」。

7　全球化的社會與雞尾酒文化

全球化時代的新創意

西元二十世紀，在歷經兩次的世界大戰後美利堅合眾國站上了世界主權的位置。基於美利堅合眾國的積極主動精神，七〇年代以後推動了高科技革命、資訊革命、噴射機航線的形成、物流革命、經濟的世界化等，更加速全球化的腳步。為此，多數的文化、文明興起了地球規模級的匯流，酒文化當然也不例外。隨著運輸系統的發達，人們可以輕鬆取得世界各地不同種類的酒。在那樣的時代，領導著世界的美國發展出雞尾酒（cocktail）的飲酒文化，進而普及至全世界。

雞尾酒，是始於西元十八世紀的美國，在第一次世界大戰後逐漸世界化。雞尾酒是以威士忌、琴酒、伏特加等酒精濃度高的酒為基底，再加上其他的酒、利口酒、果汁、糖漿、蛋等，然後以調酒器攪拌調和均衡，藉以享受更多樣化組合的飲酒樂趣。雞尾酒分為兩大種類，一種是調和後倒入高腳玻璃杯，不需耗費太多時間即能喝完的「短飲型飲料（short drinks）」；令一種是倒入大型玻璃容器，並加入冰塊長時間保冷或保溫的「長飲型飲料（Long Drinks）」。

雞尾酒混合攪拌了世界各地背景不一的酒或飲料，創造出前所未有的風味與芳香，其創意發想也與強調合理化、人工化的美國風土文化不謀而合。說穿了，雞尾酒就是一種酒的料理，讓嬉戲娛樂融入酒文化中。像「沙拉拼盤」般並存著各種異文化，也融合交織多國的酒文化，可說是移民之國的美國才得以發展出的飲酒方式。

隨著各種素材的混合，也促進各地酒文化的交流，相異的酒文化透過雞尾酒的交集進而蔓延出嶄新的酒世界。但是事物總是多面，既有長處時也有劣勢。如此象徵全球化的飲酒方式，雖衍生出更多樣豐富的酒精飲料，卻也讓細細啜飲酒之陳香的飲酒方式隨之萎靡。現在的雞尾酒，多半是以伏特加、琴酒、龍舌蘭、威士忌、蘭姆酒、白蘭地、利口酒、葡萄酒、啤酒、燒酎等為基底，創意概念如同搭配調整食材、調味料等的「料理」，因而得以調配出各種不同官感的雞尾酒。現今的雞尾酒種類，若細數共有兩萬種，其中同名的則有兩千種，而且隨著創意不斷都有新的雞尾酒誕生。

雞尾酒誕生之謎

雞尾酒的誕生眾說紛紜，事實上也無人知道事情的真相。不過可以確定的是，在西元十八世紀左右即有了這樣的飲酒方式。在此，介紹幾個關於雞尾酒誕生的故事。

一說認為，雞尾酒起始於歷經九年的美國獨立戰爭（西元一七七五～一七八三年）時期。獨立戰爭時，所屬於美軍維吉尼亞騎兵隊的愛爾蘭青年帕特里克意外戰死。西元一七七九年，他年輕的遺孀佩姬在騎兵隊移往溫徹斯特時，在那裡開設了酒館，親手調製各種酒，並以低價供應士兵飲用，藉以提振他們的士氣。

某日，佩姬潛入反對獨立的王黨派人士家中，偷出對方珍愛、帶有美麗尾羽的公雞。她殺了雞，烹調成料理慰勞士兵們。餐後士兵進到酒館，發現攪拌酒的棒子竟裝飾上他們熟知的那隻公雞的尾羽（cock tail）。士兵們才驚覺自己吃下了王黨派的公雞。以公雞肉為佳餚再搭配上混合調製的酒，此舉令士兵們振奮不已。換言之，雞尾酒是獨立戰爭時為鼓舞作戰士兵們的酒。這個雞尾酒誕生的故事，就與美利堅合眾國的誕生產生連結。

另一個說法是，在西元十八世紀後期海地東部的聖多明尼哥暴亂之際，移居至密西西比河河口紐奧良的酒館開發出加有蛋黃的酒精飲料、也就是蛋酒，由於深受好評才進而衍生出雞尾酒。紐奧良的地名「New Orleans」，是「新的Orléans（法國的城市奧爾良）」之意，是為紀念美國法屬領地的初任提督奧爾良公爵。紐奧良是法國人居多數的都市，蛋酒的法語為「coquetier」，以訛傳訛下就變成了雞尾酒的「cocktail」。

還有個說法則得回溯到阿茲特克帝國，西元一五一九年左右先住民托爾特克人製造出稀有的混合酒精飲料，由美女Xochitl獻給墨西哥高原的阿茲特克帝國國王，沒想到大受好評，從此就以美女之名稱呼混合酒精飲料，也就是後來的雞尾酒「cocktail」。

而有別於那些帶有故事色彩的說法，有人則認為是調製混合酒精飲料時使用的木棒形似公雞的尾羽，才有了雞尾酒的稱號，算是最簡單明瞭且最具說服力的說法，卻一點也不有趣。

事實上，也有人以為雞尾酒的發想是起始於西元十七世紀印度的皇室，即是流行於西元十八世紀社交圈的潘趣酒（Punch）。「Punch」，意指「五種的」，也就是水、砂糖、酒、萊姆的果汁、香料五種材料所混合調製的飲料。之後演變成加入各種水果，卻移除了酒精飲料，變成類似甜點的水果潘趣酒。不過，最初的水果潘趣酒可是一種酒精飲料。潘趣酒的特色是以酒為基底，藉混入果汁、香料等調出酒精飲料的「味道」。換言之，也就是把料理的手法帶入酒的世界。如此的飲酒方式，與酒文化全球化的趨勢不謀而合，最後得以在移民大熔爐的美國發揚光大。

冰雞尾酒的誕生

南北戰爭期間林肯總統祭出公地放領法案（Homestead Act），從事西部開墾達五年者可以無償領得一百六十英畝（約二十萬坪）的土地，也因而帶動戰後難以數計的歐洲移民湧入美國。美國在急速擴張下，不同的飲酒文化也隨移民混合交融。至於，各式各樣的酒得以混合調和出複合酒的首要條件，則是取決於製冰技術的發達。

調製冰雞尾酒（Cold Cocktail），是美國急速擴張的西元十九世紀後期的事。慕尼黑工業大學教授卡爾・馮・林德（Carl Paul Gottfried von Linde）（西元一八四二～一九三四年）利用氨冷媒高壓冷凍機的研究，於西元一八七九年發明了人工製冰機。從此人們一年四季都可以使用到價廉的冰塊。至於水果的果汁，當時還無法大量生產。

西元十九世紀末，法國以大麻酒（Absinthe）為主流，而雞尾酒則流行於新興國家美國。由來自世界各地移民所組成的美國既不拘泥固有的飲酒文化，對酒也抱持高度的包容力，積極利用既有的酒精飲料混合創造出嶄新的飲品與飲用方式。但當時果汁尚未能普及，僅能調出曼哈頓、馬丁尼等雞尾酒，這兩種雞尾酒堪稱是雞尾酒之后與之王。

第一次世界大戰促使雞尾酒世界化

第一次世界大戰，戰爭後期美國決意參戰，派遣到歐洲的美軍讓雞尾酒文化得以發揚歐洲各地。此外，美國設下的禁酒法令，令許多酒保紛紛遠渡歐洲尋求工作機會，也促使美式飲酒文化深及歐洲。當時美國的廣播電台普及，爵士樂盛行，美國的飲酒文化也隨這些大眾消費文化遠播至歐洲。

再者，第一次世界大戰不得不依賴戰線後方生產武器的女性，戰後女性終於可以進出社會，當然也可以自由進出酒館，為此，予人溫和印象的雞尾酒需求量隨之攀升。

禁酒法令下的美國，人們還是偷偷在非法酒館品嘗雞尾酒，或是在家中書架裡偷藏雞尾酒道具以便可以躲在家裡啜飲雞尾酒。

第二世界大戰後，酒文化出現了地球規模級的交流，雞尾酒更加多樣化，並且更巧妙利用果汁、利口酒、水果等調製出各式各樣酒精度數低的雞尾酒。

足以代表雞尾酒的曼哈頓與馬丁尼

威士忌混上苦艾酒（Vermut）、安格斯特拉苦酒（Angostura Bitters），再丟入紅色櫻桃，就是美國人最喜歡的雞尾酒「曼哈頓（Manhattan）」。那是在紐約的曼哈頓舉行的第十九屆美國總統選舉後援會，參考前英國首相邱吉爾的母親的創意所設計調配出的雞尾酒。

充滿喧囂與商業契機的紐約，對美國人來說無疑是實踐美國夢的「非凡城市」，位於紐約的曼哈頓島更是堪稱美國核心的核心，這裡匯集了世界三分之二的「金錢」，是世界數一數二的世界投資金融中心。由於符合那樣的印象，也讓「曼哈頓（Manhattan）」雞尾酒深受美國人的歡迎。

相對於「雞尾酒之后」之稱的曼哈頓，「雞尾酒之王」則是馬丁尼（Martini）。它是混合琴酒與苦艾酒的雞尾酒，有一說認為其名源自義大利生產苦艾酒的Martini & Rossi；還有人認為是源於Martini-Henry步槍製造商之名，也是英軍所使用的強力步槍；或是也有人認為是加州一名名為馬丁尼茲（Martínez）的酒保因應淘金熱所調製的酒精飲料。至於哪個說法才是正確，已不得而知。

廢止禁酒令的羅斯福總統（西元一九三三～一九四五年在任），就是馬丁尼的愛好者。也由於羅斯福總統，馬丁尼從此成為象徵權力的雞尾酒，榮登「雞尾酒之王」的寶座。據說單就馬丁尼，全世界就有兩百五十種以上的配方

西元一九四三年的德黑蘭會議，美國羅斯福總統將自己喜好的馬丁尼分享給蘇

聯的史達林與英國首相邱吉爾，有人詢問史達林那味道如何，結果他回以：「很好喝，但冷壞了我的肚子」。

與冷凍飲食文化並駕齊驅的冰涼酒文化

第二次世界大戰後，地球規模級的酒文化交流促使雞尾酒更加多樣化，果汁、利口酒、水果等與冰塊的巧妙結合，誕生了許多酒精度數低的雞尾酒。冰飲、冷喝逐漸變成一種習慣，市面上出現果汁或清涼飲料等帶有甜味的冷飲，再加上燒酎等世界各地的在地酒趨於世界化，也讓雞尾酒的邊際無限擴大。現今，世界各地仍不斷調製出嶄新的雞尾酒，據說總數已多達兩萬種以上。物質、人類、金錢、資訊情報的移動帶動了全球化，也讓酒文化急速朝向世界規模的交流發展，終於來到嶄新的境界。

西元二十世紀以後，以冰箱為終端的低溫物流系統（cold chain）普及，冷藏及冷凍處理的食材得以巡迴世界，讓「冷凍飲食文化」風靡一時。酒冰鎮再飲用成為必然的趨勢，像是雞尾酒的異種酒類組合搭配形成當代的風潮，無不與飲食文化的變化同步。因為在酒的世界，也急速邁向全球化。

總而言之，整理酒吧吧檯前一字排開的酒架，來到此終於告一段落。貼著各式各樣酒標的酒瓶，恰如肩並肩描繪出世界地圖，這就是異質文化的共存啊。此時此地，更不由得讓人深刻感覺到人類走過的歷史足跡。

ISBN 978-957-8630-72-7

酒杯裡的世界史（全新插畫版）

作　　者　宮崎正勝
譯　　者　陳柏瑤
執 行 長　陳蕙慧
行銷總監　陳雅雯
副 主 編　賴虹伶
總 編 輯　張蕙菁
責任編輯　洪仕翰
行　　銷　尹子麟、余一霞
封面設計　盧卡斯
內頁排版　簡單瑛設

社　　長　郭重興
發行人兼出版總監　曾大福
出 版 者　遠足文化事業股份有限公司
地址：231 新北市新店區民權路 108-2 號 9 樓
電話：（02）2218-1417
傳真：（02）2218-2027
E-mail：service@bookrep.com.tw
郵撥帳號　19504465
客服專線　0800-221-029
部 落 格　http://777walkers.blogspot.com/
網　　址　http://www.sinobooks.com.tw
法律顧問　華洋法律事務所 蘇文生律師
印　　製　呈靖彩藝有限公司

三版一刷　西元 2018 年10月
三版三刷　西元 2021 年01月

國家圖書館出版品預行編目(CIP)資料

酒杯裡的世界史 / 宮崎正勝著 ; 陳柏瑤譯. -- 三版. --
新北市 : 遠足文化, 2018.09
面；　公分
ISBN 978-957-8630-72-7（平裝）

1.酒　2.世界史　3.飲食風俗

538.74　　107014993